ちくま新書

日本人の9割が間違える英語表現100

キャサリン・A・クラフト
Kathryn A. Craft
里中哲彦=編訳

はじめに

　日本に来てから、長い年月が経過しました。この間、インターネットの普及などにより、日本語のなかに多くのカタカナ英語が入り込み、英語に親しみをもつ日本人が増えたようです。

　しかしながら、いまでも変わらないものがあります。それは「日本人の英語」です。日本人の話す英語のなかに、脈々と受け継がれている勘違いが数多く存在するのです。

　それもコミュニケーションに支障をきたすような間違い。ちょっとした文法ミスは、コミュニケーションを妨げる大きな要因にはなりませんが、自分が意図したことが別の意味に捉えられるような間違いは、コミュニケーションを図るうえで小さくない問題を引き起こします。

　むろん、間違えることそれ自体は悪いことではありません。というか、間違いをおかさずに言語を習得することなどできません。私自身、数多くの間違いをしたからこそ、日本語を話せるようになったのです。

　問題は、間違いを修正していこうとする姿勢です。それがなくては上達も進歩もありえません。

　本書は、日本人の９割が勘違いしていると思われる英語を俎上にのせ、それをネイティブがどのように感じるかを論じたものです。また、意味や解釈のズレを指摘し

はじめに　003

て、意図したことがちゃんと伝わるように、ネイティブ流の英語に修正して提示してあります。

　あなたが日ごろ犯している間違いや、気づかなかったこともきっと見つかるはずです。英語を学ぶみなさんにとって、本書が役立つことを願ってやみません。

　Happy reading!

　なお、本文中で使っている「ネイティブ」は、native speakers of English（英語を母語にしている者）のことですが、日本ではすでに「ネイティブ」が一般的になっているため、この表記にしたがいました。

　最後になりますが、翻訳の労をとってくださったばかりか、数々の助言を惜しまなかった里中哲彦さんに心より感謝いたします。里中さんの、英語と英米文化についての豊かな知識にはいつも圧倒されます。

　また、本企画をうまく編集してくださった河内卓さんにも深謝の言葉を述べさせていただきます。

　ありがとうございました。

Kathryn A. Craft

日本人の9割が間違える英語表現100【目次】

はじめに …………………………………………………………………… 003

第1章 日本人の9割が知らない英語の基本 ………… 013

001 会社の同僚（リサ）です。……………………………………… 014
名前を言わない日本人

002 じゃあ、またね。……………………………………………… 016
"See you again." を連発する日本人

003 ええ。そのとおりです。……………………………………… 018
多い Yeah 派

004 そのワイン、おいしい？ …………………………………… 020
「デリシャス」を連発する日本人

005 インターネットを使えば、
どんな情報も手に入れられる。……………………………… 022
「わたしたち」の "you"

006 そっちへ行ってもいい？ …………………………………… 024
異なる「行く」と「来る」の認識

007 ウソつき！ …………………………………………………… 026
「ウソつき！」と "liar" の違い

008 お仕事は何ですか？ ………………………………………… 028
あなたの英語はどう響く？

009 どうしたの？ ………………………………………………… 030
"with you" がつくかつかないか

010 あなたはそれで OK ですか？ ……………………………… 032
9割が気づいていない "OK" の「主語」

011 〔観光客に〕大阪はいかがですか？ ……………………… 034
9割が "How about Osaka?" と言ってしまう！

012 とてもお腹がすいている。…………………………………… 036
不自然に聞こえる "so" と "too"

013 僕はイチローのファンなんだけど、
彼のこと、知ってる？……………………………………038
「知っていますか？」と「知り合いですか？」

014 彼女は日本のことをよく知っている。……………………040
well / a lot / much とのつながり

015 お鮨を食べますか？……………………………………042
「〜できますか？」と「〜しますか？」

016 アラスカに行ってみたいと思います。…………………044
"I think I want to 〜"???

017 もう一度言ってください。………………………………046
"Once more."の誤解

018 誰かに傘を取られてしまった。…………………………048
"get"と"take"の違いがわかるか？

019 ドンマイ。…………………………………………………050
日本に蔓延する奇妙な英語

020 みんなハイテンションだった。…………………………052
緊迫状態？

021 〔エレベーターの中で〕すみません。降ります。………054
「すみません」の表現

022 氷で滑って尻もちをついてしまった。…………………056
「お尻」の範囲

023 腰が痛い。…………………………………………………058
「腰」を英語で！

024 それはゴミ箱へ捨てて。…………………………………060
「ホコリ」と「ゴミ」

025 彼にアタックしてみたら？………………………………062
"attack"は犯罪行為です！

026 まけてもらえませんか？…………………………………064
なじみのある"discount"だけど

027 〔マラソン走者に〕「ファイト！ファイト！」…………066
誤解される掛け声

028 朝食はたいていパンです。·····················068
　　　「パン」と「トースト」の違い

029 今晩、遊びに出かけようよ。·····················070
　　　"play"はどう響く？

Column　感謝の表現 ·····················072

第2章　ネイティブの英文法 ·····················073

030 「私のこと、愛していないの？」
　　　「ううん、愛しているよ」·····················074
　　　否定疑問文の応答

031 ほとんどの赤ちゃんはよく眠る。·····················076
　　　まぎらわしい"almost"と"most"

032 難しくないと思う。·····················078
　　　否定語の位置

033 「僕、泳げないんだ」
　　　「私もなの」·····················080
　　　肯定文を受けるのか、否定文を受けるのか

034 仕事の友だちと北海道へ行きました。·····················082
　　　「〜の」は"of"でいいか

035 １時までに会社に戻らないといけない。·····················084
　　　"until"と"by"の違い

036 彼女はまるでシカのように走る。·····················086
　　　"as if"の正体

037 シカゴ以外に、ニューヨークとボストンにも
　　　行きました。·····················088
　　　「〜以外」は"except"か"besides"か

038 きのう髪を切ったの。·····················090
　　　自分で切ったの？

039 ３日後に、札幌へ行かなくてはならない。·····················092
　　　起点となる「時」は"過去"、それとも"現在"？

040 とても楽しかったです。……………………… 094
　　　　"enjoy" は目的語を必要とする

041 タバコを吸ってもかまいませんか？……………… 096
　　　　蔓延している "mind my 〜ing" の誤解

042 彼のアイディアをどう思う？……………………… 098
　　　　"think" と "feel" の疑問詞

043 私たちは互いによく意見が合う。………………… 100
　　　　"each other" は副詞？

044 彼女がオーディションに
　　　　受からなかったら驚くね。………………… 102
　　　　〈unless ＝ if not〉とは限らない

045 手を洗うようにと言われた。……………………… 104
　　　　"be said to" と "be told to" の考え方

046 彼にはよくあることだが、
　　　　きょうも自宅にスマホを忘れてきた。…… 106
　　　　"as is often the case with A" の重要度

047 ５年前からここで暮らしている。………………… 108
　　　　"since" と "for" の考え方

048 私に言わせれば、それは邪道だ。………………… 110
　　　　"according to me" と言えるか

049 私たちは彼を信用しなくなった。………………… 112
　　　　"become to do" は誤り

050 シェリルはデイヴィッドと
　　　　つき合うのをやめた。…………………… 114
　　　　"stop to do" と "stop 〜ing" の区別を

051 私はどの政党にも属していません。……………… 116
　　　　"belong" は「状態」をあらわす動詞

052 コンビニが強盗に襲われて、
　　　　現金50ドルが奪われた。………………… 118
　　　　どんなふうに「盗む」か

Column　　許可の表現 ………………………………… 120

第3章 「英語の発想」と「日本語の発想」………… 121

053 夕べあなたの夢を見た。………… 122
"see a dream" と言えるか？

054 彼の英語が理解できなくて恥ずかしかった。………… 124
「恥ずかしい」の使い分け

055 日本では子どもが減っています。………… 126
「減っている」のは数！

056 妻にはなんでも言うようにしている。………… 128
「〜するようにしている」を英語で

057 この詩を覚えるように言われた。………… 130
"remember" と "memorize" の違い

058 割り勘でいこう。………… 132
半分払う？

059 彼女はもう彼を愛していないのだと気づいた。………… 134
「気づく」の考え方、教えます

060 昨夜は10時に寝た。………… 136
「床につく」と「寝つく」

061 彼はベストを尽くしたが、結局だめだった。………… 138
"at last" と "after all" の違い

062 彼女にとうとう負かされてしまった。………… 140
"at last" と "finally" の区別

063 タバコを吸うと、ガンになるかもよ。………… 142
特定の病気に「なる」は？

064 カードを持っていなかったので、
現金で払わざるをえなかった。………… 144
"can't help 〜ing" と "have to"

065 彼女はネコを7匹飼っている。………… 146
「ペットを飼う」の"飼う"は"keep"？

066 彼はパーティーへタキシードを着ていった。………… 148
「着る」と「着ている」の違い

067 彼女はついに真実をつきとめた。 150
"find" と "find out"

068 これ、私の連絡先ね。 152
「コンタクト」と「コネ」

069 英語をマスターしたいです。 154
「マスター」の意味するところ

070 彼はリストラされた。 156
「リストラ」の原義

071 彼はスポーツマンだ。 158
「スポーツマン」では誤解される

072 ルームメイトはハーフだ。 160
「ハーフ」という日本語

073 彼はやさしい心の持ち主だ。 162
"heart" と "mind" はどこが違う？

074 私のふるさとはイチゴで有名です。 164
「有名な」と "famous"

075 4月から社会人になります。 166
「社会人」と言うけれど……

076 掃除機がまた故障しちゃった。 168
「故障している」のあれこれ

077 詳細は、当社のホームページをご覧ください。 170
「ホームページ」と「ウェブサイト」

Column　依頼の表現 172

第4章　あなたの英語は誤解されている 173

078 何時が都合がよろしいですか？ 174
"convenient" は人を主語にできない

079 彼女は私がいちばん好きな歌手だ。 176
目立つ "favorite" の誤用

080 彼は神経質だ。……………………………178
一時的？　恒常的？

081 チーズはワインに合う。………………180
「フィットする」の使用範囲

082 最近、ギリシャへ行ってきました。………182
「最近」と"時の意識"

083 その慣習は日本独自のものです。…………184
"unique"の2つの意味

084 どこで会おうか？……………………………186
"meet"vs."see"

085 あなたってスマートね。………………188
「スマート」と"smart"

086 彼女はスタイルがいい。…………………190
意味内容の違い

087 彼は禅について私に説明してくれた。……192
"explain"に"前置詞"は必要？

088 先生は生徒たちにプリントを配った。……194
"print"は「痕跡」

089 今夜は残業だ。…………………………………196
"overwork"か、"work overtime"か

090 彼らはたいへん仲がよかった。…………198
どんなふうに「仲がいい」のか

091 ケンはボーイフレンドの一人です。………200
「ボーイフレンド」と「ガールフレンド」の範囲

092 20万円もするというので、
その自転車を買うのをあきらめた。………202
9割が知らない"give up on"

093 そのパーティーで初めて彼女に会いました。………204
"at first"と"first"の混同

094 彼がタクシーに乗るのを見た。……………206
「乗る」のいろいろ

095 このバターには塩分が含まれている。······ 208
"include"と"contain"の使い分け

096 いい匂いね。······ 210
"smell"の扱い

097 ランチに行かない？······ 212
"Why don't you 〜?"の誤解

098 1週間ずっと家で過ごした。······ 214
"all"と"whole"の勘違い

099 どうやって健康を維持しているのですか？······ 216
「健康を維持する」と「健康を損ねる」

100 彼女は母親によく似ている。······ 218
"alike"と"like"の用法

編訳者あとがき
英語を身につけるために必要な2つのこと ······ 220

イラスト＝てばさき

本文デザイン＝中村道高
（tetome）

第 1 章

日本人の9割が知らない
英語の基本

001 会社の同僚(リサ)です。

名前を言わない日本人

日本人の英語

? This is my coworker.

　たとえば、あなたが会社の同僚と駅のホームで電車を待っていたとしましょう。そこへ高校時代のクラスメイトが通りかかる。目が合ったあなたと友人は、お互いをたしかめ合い、「久しぶり」「元気だった？」と言葉をかわし合います。

　そのときあなたは、友人に同僚を紹介するでしょうか。私の経験から言うと、日本社会ではまず紹介しません。

　しかしながら、英語圏では、ほんの数分で別れてしまって、この先二度と会う可能性がないと思われる状況でも互いを紹介します。もし紹介しなかったら、紹介しない理由があるのだろうか、と逆に勘ぐります。人格を無視されたとして腹を立てる人もいるはずです。

　また、日本社会では、人を紹介するとき、「会社の同僚です」とか「姉です」と、自分との関係や続柄を言って、名前を言いませんが、英語社会では、かならず名前を言います。兄弟の関係であるとか、会社の同僚であるというような間柄より、アイデンティティのほうが優先されるのです。

014

ネイティブの英語

This is my coworker, Lisa.

　英米人が名前まで言うのは、個人のアイデンティティを重視してのことです。続柄や間柄よりも、名前のほうが大切な情報なのです。

　これはあくまでも文化の違いですが、社交の言いまわしを学ぶとは何を丁寧と考えるかを学ぶことでもあるわけですから、ぜひこのことを知っておいてください。

◆Kathy: Lisa, this is my coworker, Akiko. Akiko, Lisa Black.
　　　　（リサ、こちら、同僚のアキコ。アキコ、リサ・ブラック）

　Lisa: Hello, Akiko.
　　　　（こんにちは、アキコ）

Akiko: Nice to meet you, Lisa.
　　　　（よろしく、リサ）

あらたまった場面では、これが一般的な会話です。
くだけた場面では、次のように言います。

◆Kathy: Lisa, this is Akiko.
　　　　（リサ、こちらアキコ）

　Lisa: Hi, Akiko.
　　　　（こんにちは、アキコ）

Akiko: Hi, Lisa.
　　　　（こんにちは、リサ）

第1章　日本人の9割が知らない英語の基本　015

002 じゃあ、またね。

"See you again." を連発する日本人

日本人の英語

⁇ See you again.

　別れ際、日本人は "See you again." と言ってしまいがち。この表現は「これでお別れですね」、あるいは「（もうお会いすることはないでしょうが）またどこかでお会いできたらいいですね」という離別のあいさつ。"永遠の別れ" を予感したときに用いるフレーズです。

　私自身、これまで一度も "See you again." と言ったことがありませんし、またあえて言わないようにもしています。ところが、日本人は「またね」といったニュアンスでこの表現を連発しています。どうも学校でそう教えているらしい……。困ったものです。

　もちろん、「再会する」（see you again）という意味ではよく用います。

◆I can't wait to see you again!
　（再会が待遠しいわ！）

◆I hope I have a chance to see you again before you leave Japan.
　（日本を離れる前にもう一度お会いできる機会があればいいのですが）

ネイティブの英語

See you!

ネイティブはこのように言います。

一般に、一日のうちにまた会うような場合は、

◆See you later!

（じゃあ、あとでね！）

と声をかけます。

数日後に会うような場合には、

◆See you soon!

（じゃあ、またね！）

と言って別れます。

再会する日が具体的に決まっている場合は、

◆See you tomorrow!

（じゃあ、明日ね！）

◆See you on Monday!

（じゃあ、月曜にまた！）

◆See you in two weeks!

（じゃあ、2週間後にね！）

などと言います。では、しばらく会わない（会えない）人にはどう言ったらいいのでしょうか。

◆See you again sometime!

（お元気で！）

「（しばらく会えませんが）お元気で！」といったニュアンスのときはこれを使います。

第1章　日本人の9割が知らない英語の基本　017

003　ええ。そのとおりです。

多いYeah派

日本人の英語

? Yeah, right.

あなたはYeah派？　それともYes派？

"Yeah" は、"Yes" のくだけた表現です。かりに、"Yes" を「はい」と訳せば、"Yeah" は「うん」とか「そう」に当たります。"Yup" という表現もありますが、こちらはさらに軽い感じで用います。

たしかに気心の知れた仲間であれば、"Yeah" を使うことのほうが多いでしょう。しかし、相手が年上で、それも明らかに立場が上の人に向かって「イェー」と言うのは失礼です。

問題なのは、英語をしゃべり慣れている日本人ほど、この "Yeah" を使いたがるということです。"Yes" をまったく使わず、"Yeah" 一辺倒の人もいます。

さらに言うと、日本人は相づちを打ちすぎます。

「ヤア……イェー……ヤ……ヤップ」などの連発で戸惑うことがよくあります。

英米のマナーでは、話がひと段落したら、なんらかの相づちを打つのが礼儀。途中で頻繁に相づちを打ったりはしないのです。

ネイティブの英語

Yes, that's right.

　かしこまった場で、しかも相手が目上の人であれば、このようにきちんと言うべきです。

　また、同意をあらわす相づちとして、

◆Right.
　（そう）

◆Exactly.
　（そのとおり）

◆Absolutely.
　（まったくそうよね）
　などがあります。もう少し丁寧な表現として、

◆You're right.
　（そのとおりです）

◆That's true.
　（そうですね）

◆That's right.
　（そうですね）
　などがあります。さらに丁寧な表現として、

◆I completely agree.
　（おっしゃるとおりです）

◆I couldn't agree more.
　（同感です）
　などがあります。

第1章　日本人の9割が知らない英語の基本　019

004 そのワイン、おいしい？

「デリシャス」を連発する日本人

日本人の英語

? Is the wine delicious?

TVの料理番組やグルメ番組では「おいしい」の声がひっきりなしに聞こえてきます。なかには「おいしい」の代わりに、「デリシャス！」の声をあげるレポーターもいます。「デリシャス！」という言葉は、もはや日本語のなかに入ってしまったとの観があります。

料理や飲み物の味について、日本人はきまって「おいしいですか？」と尋ねます。そして、それを英語にするとき、日本人は当然のごとく "delicious" という単語を使って表現しようとします。しかし、ネイティブ・スピーカーの耳には、たいそうおかしく聞こえます。

そもそも "delicious" は「おいしい」というよりも、「とてもおいしい」という大賛辞なのです。「おいしい」よりもワンランク上の表現。場合によっては、大げさに聞こえることがあります。おいしいかどうかもわからないうちに、いきなり「そのワインはとてもおいしいですか？」と聞くのは不自然です。というわけで、ネイティブがこのように言うことはありません。

020

ネイティブの英語

Is the wine (any) good?

　ネイティブは good（おいしい）を使って言いあらわします。any は「いくらかは・多少は」という意味の副詞です（疑問文で用います）。

◆A：Is the curry (any) good?
　　（カレー、おいしい？）

　B：Delicious.
　　（とっても）

あるいは、

◆A：How's the pasta?
　　（そのパスタ、どう？）

　B：It's really good.
　　（すごくおいしい）

などと言います。

　では、「まずい」と言いたいときは、どんな形容詞を使ったらいいでしょうか。

・awful / bad / terrible

これらの形容詞を使います。

◆A：How's the wine?
　　（そのワイン、いかが？）

　B：It's awful. I can't drink it.
　　（まずい。私には無理）

第1章　日本人の9割が知らない英語の基本　021

005 インターネットを使えば、どんな情報も手に入れられる。

「わたしたち」の "you"

日本人の英語

⍰ We can get all kinds of information on the Internet.

「わたしたち = we」と刷り込まれているからでしょうか、「わたしたち」と言えば、すべて "we" で始めようとする人が数多くいます。まず押さえておきたいのは、"we" は限定的な「わたしたち」であるということです。"we" は限られた「わたしたち」であって、そうではない人たちがいるというのが前提になっています。

◆We have four seasons in Japan.
（日本には四季があります）

◆Sorry. We don't carry leather goods.
（すみません。当店では革製品は扱っておりません）

"we" には、対立概念としての they（わたしたちではない他の人たち）が無意識のうちに対置されているのです。このことを感じとってください。

◆We need to know more about the enemy.
（わたしたちは敵についてもっと知る必要がある）

◆We are in the age of robots.
（我々はロボットの時代に暮らしている）

ネイティブの英語

You can get all kinds of information on the Internet.

"you" は聞き手の「あなた（たち）」だけでなく、話し手と聞き手、そしてその他すべての人を含む「わたしたち」、つまり「人々全般」を指し示します。

◆You never know what the future holds.
（将来何が待ちかまえているかなんて誰にもわからない）

◆You should obey your conscience.
（良心にしたがうべきだ）

この "you" をあえて訳せば、「人はだれでも」あたりになるのでしょうが、日本語では訳さないことのほうが多いようです。

◆As you get older, you worry less about little things.
（年をとるにつれて、小さなことは気にならなくなる）

また、話しかけるような親しみがあるので、広告・マニュアル・呼びかけなどでは、one（人はだれでも）よりも好まれます。

◆You can't smoke in the lobby.
（ロビーでたばこを吸うことはできません）

第1章 日本人の9割が知らない英語の基本 023

006 そっちへ行ってもいい？

異なる「行く」と「来る」の認識

日本人の英語

❌ Can I go over?

"go" は「行く」、"come" は「来る」と覚えている日本人が多いのに驚かされます。かなり英語が上手な人でも、"go" と "come" の認識があいまいで、ときどきびっくりすることがあります。そろそろ、これらの単語に対するアプローチを変えたらどうでしょうか。

◆A：I'd better be going.
　　（もう行かなくちゃ）

　B：Oh, so soon?
　　（あら、もう？）

このように、"go" は話し手（1人称）と聞き手（2人称）以外の第3の空間へ移動するときに用いるのです。

ネイティブ・スピーカーの頭のなかでは、次のようにイメージされています。

come ＝ 話し手や聞き手のほうへ移動する 〈接近〉

　go ＝ 話し手や聞き手から遠ざかっていく 〈離反〉

つまり、聞き手のところへ「行く」ときは "come" を用いるのです。

ネイティブの英語

Can I come over?

　話し手（1人称）と聞き手（2人称）を対象にした「行く」や「来る」は"come"を用います。次のやりとりを見てみましょう。

◆A：Linda, would you come here, please?
　　（リンダ、ちょっと来てちょうだい）

　B：Okay. I'm coming.
　　（うん、いま行く）

　"come"は、1人称と2人称のあいだの相互の〈接近〉をあらわすのです。また、話し手または聞き手が、すでにいた、あるいはいるであろう場所に移動する場合にも"come"を用います。

◆What time did you come see me in the office yesterday?

　（きのう、あなたが僕の会社に来たのは何時だったっけ？）

　いまは会社にいるのではないのですが、意識のうえでは「会社にいたこと」（過去の位置）を想定しています。

◆Would you come visit me in the hospital when I have my operation?

　（手術の日、病院に来てくださる？）

　いまは「病院」にいるわけではないのですが、「病院にいること」（未来の位置）を想定しています。

第1章　日本人の9割が知らない英語の基本　025

007 ウソつき！

「ウソつき！」と"liar"の違い

日本人の英語

? You (are a) liar!

かなりキツい響きをもって伝わります。

◆He shouted at me, saying, "You liar!"

（彼は「ウソつきめ！」と私をなじった）

lie（ウソ）にしろ liar（ウソつき）にしろ、日本語よりもはるかに強い意味を持っているので、「ウソでしょ」のような軽い感じで言うときは避けてください。

また、日本人は、「ウソをつく」を "tell a lie" という表現を使って言いあらわそうとしますが、ネイティブ・スピーカーの耳には、英語を習い始めたばかりの人か、小さな子どもが言っているような英語に聞こえます。大人は lie（ウソをつく）という動詞を使って言いあらわそうとします。

◆He lied to his mother.

（彼は母親にウソをついた）

◆Have I ever lied to you?

（これまでに私があなたにウソを言ったことがある？）

ネイティブの英語

No way!

「ウソでしょ！」にいちばん近い表現がこれ。キツい口調にならないように、ゆっくりとおどけた感じで〔ノゥ・ウェィ〕と言うのがコツです。

あるいはまた、軽い気持ちで、

◆No kidding.
（冗談でしょ）

◆You're not serious.
（もうふざけてばっかりいるんだから）

◆You're kidding, right?
（またぁ、ウソでしょ）

◆You're joking, right?
（もう冗談ばっかり言って）

などと言ってもいいでしょう。最後を"..., right?"とすれば、日本語の「……でしょ？」の感覚がでます。軽くふざけた感じで言ってみてください。

また、人から褒められて、「ウソでもうれしいわ」と言ったりしますが、英語にも決まった表現があります。

◆A：You look like Anne Hathaway.
（アン・ハサウェイみたいだよ）

B：Really? It's nice to hear that.
（あら本当？　ウソでもうれしいわ）

第1章　日本人の9割が知らない英語の基本　027

008 お仕事は何ですか？

あなたの英語はどう響く？

日本人の英語

(?) What's your job?

知り合ったばかりの人に「お仕事は何をなさっていますか？」と聞くとき、頭の中で「あなたの仕事は何ですか？」と言い換えて、このように言ってしまう人がいます。私自身、幾度となくこう問いかけられました。

"job" は「勤め口」のことで、

◆ I found a job writing leaflets.
（広告のチラシを書く仕事を見つけた）

◆ What kind of job are you looking for?
（どんな仕事を探しているのですか？）

と言うことはできます。

では、"What's your job?" はどのように聞こえるかというと、たとえばある人がマスコミ関係の仕事にたずさわっていることを知ったうえで、「で、具体的にどんな仕事をしているのですか？」と言うときに用いる表現なのです。"job" にはまた「（職務上の）役目」という意味もあり、具体的な仕事内容を問うときに用います。いずれにしても、知り合ったばかりの人にいきなりする質問ではありません。

ネイティブの英語

What do you do for a living?

このように言うのが無難です。「何をして生計を立てているのですか？」と訳すことができますが、日本語で言うような堅苦しさはありません。

また、これを縮めて、

◆What do you do?

（何をしていらっしゃるのですか？）

と言うこともできます。これもよく使われます。

あるいは、

◆What kind of work do you do?

（どんなお仕事をなさっているのですか？）

と問いかけることもできます。

出張で日本へ来たと思われる人には、

◆Are you here on business?

（仕事でいらっしゃったのですか？）

のように尋ねます。

たまに、

◆What's your occupation?

（仕事は？）

と問いかける人がいますが、これはお役人の言葉で、まるで税関にいる係員に職業を尋ねられているような響きがあります。日常会話で口にするような表現ではありません。

第1章 日本人の9割が知らない英語の基本 029

009 どうしたの？

"with you" がつくかつかないか

日本人の英語

(?) What's the matter with you?

(?) What's wrong with you?

　相手の態度や言葉が気に入らないとき、「いったい何だっていうんだ？」とか「どうかしてるんじゃないのか？」と不満をあらわにすることがありますが、それにあたる英語表現がこれです。異変を察知したときに用いる「どうかしたの？」というニュアンスではありません。

◆What's the matter with you? I didn't do anything.
　（なんか文句でもあるっていうの？　私、何もしてないわよ）

◆What's wrong with you today?
　（きょうはいったいどうしたっていうの？）

　ところが、2人称（あなた）以外であれば、「～はどうしたの？」の意味で用いられるのです。

◆A：Mike is really grouchy this morning. What's the matter with him?
　　（マイクは朝から不機嫌だけど、何かあったの？）

　B：He got a speeding ticket this morning.
　　（今朝、スピード違反の切符を切られたんだって）

030

ネイティブの英語

・What's the matter?
・What's wrong?

　いつもとは違う様子の人に、「どうしたの？」と問いかける表現がこれです。"with you" を後ろにつけないように注意してください。異変を察知したら、このように声をかけて相手を思いやります。

◆A：What's the matter?
　　（どうしたの？）
　B：I can't find my smartphone.
　　（スマホが見つからないんだ）

◆A：What's wrong? Are you sick?
　　（どうしたの？　具合でも悪いの？）
　B：I'm fine, but my son is sick.
　　（私は大丈夫なんだけど、息子が病気なの）

　ここで問題です。道に迷って困っている人がいます。あなただったら、英語でどのように声をかけますか。唐突に What's the matter?（どうしたの？）と声をかけるのはおかしいですよね。

◆Hello. Do you need some help?
　（あのう、どうしました？）

　直訳をすると「なにかお手伝いが必要ですか？」になりますが、英語ではまったく日本語から受けるような堅苦しさはありません。とてもフレンドリーな表現です。

第1章　日本人の9割が知らない英語の基本　031

010 あなたはそれでOKですか？

9割が気づいていない "OK" の「主語」

日本人の英語

❌ Are you OK?

誰かがころんで倒れたときや交通事故にあったとき、次のような会話をよく耳にします。

◆A：Are you okay?
　　　（大丈夫ですか？）

　B：I'm okay.
　　　（大丈夫です）

人を主語にした OK / okay / all right / alright は、その人に「異状がない」ことをあらわします。

◆A：Are you OK?
　　　（大丈夫？）

　B：Yeah. I just feel a little dizzy.
　　　（うん。ちょっとめまいがしただけ）

◆A：Mary had a car accident on her way to work this morning.
　　　（メアリーが今朝、仕事へ行く途中で自動車事故にあったの）

　B：What? Is she OK?
　　　（何だって？　で、大丈夫なの？）

032

ネイティブの英語

Is that OK with you?

「あなたはそれで OK ですか？」や「それで都合がつきますか？」にあたる表現がこれです。OK が人を主語にしていないことに注目してください。

◆A：Mike wants to move the meeting to Friday.
（マイクが会議を金曜日に変更したいと言っているんだけど）

B：If it's OK with you, it's OK with me.
（君がいいのなら、僕もいいよ）

後ろに with me（私に関しては）をつけて表現することが多いのも特徴です。

「私はそれでかまいません」なら、次のように言います。

◆That's OK with me.
= It's OK with me.

人以外の「コト」や「モノ」を主語にして、

◆A：Did you get the itinerary I forwarded to you?
（転送した旅程表だけど、見てくれた？）

B：I did. Thanks. The new schedule is OK with me.
（ええ。ありがとう。このスケジュールなら OK よ）

などと言うこともできます。

011

〔観光客に〕大阪はいかがですか？

9割が "How about Osaka?" と言ってしまう！

日本人の英語

❌ How about Osaka?

"How about 〜?" は、How do you feel about 〜?（〜についてどう思いますか？）の短縮形です。

"How about 〜?" の用法を整理してみましょう。

① 「〜（して）はいかがですか？」〔提案・勧誘をして〕

◆A：How about going out for dinner?
  （夕食を食べに出かけるというのはどうだい？）

　B：Sounds good.
  （いいわね）

② 「〜はどうですか？」〔状況・状態を尋ねて〕

◆A：Is Mike coming?
  （マイクは来るの？）

　B：Yes.
  （うん）

　A：How about Tom?（= Is Tom coming?）
  （トムは？）

　B：I don't know.
  （知らない）

ネイティブの英語

・How do you like Osaka (so far)?
・How are you enjoying your stay here in Osaka?

旅行者や短期の滞在者にはこのように尋ねることをお勧めします。

How do you like 〜?（〜はいかがですか？）は、意見・感想を尋ねる表現です。

◆A：How do you like Osaka so far?
（大阪はいかがですか？）

B：I love it. I never want to leave!
（大好き。もう離れたくない！）

相手が一時的に滞在している旅行者であることがわかっている場合は、このように so far（これまでのところ）をつけることがよくあります。

◆A：How are you enjoying your stay here in Osaka?
（大阪は楽しいですか？）

B：We're having a wonderful time.
（エンジョイしてます）

あるいは、このように現在進行形で問いかければよいのです。here in Osaka（ここ大阪で）をつければ、相手も大阪をぐっと身近に感じるはずです。

012 とてもお腹がすいている。

不自然に聞こえる"so"と"too"

日本人の英語

❓ I'm so hungry.

❌ I'm too hungry.

"I'm so hungry." とだけ言われると、「で、どうしたの？」と聞き返したくなります。日本語で、「とてもお腹がすいているので……」と言ったきり口をつぐまれると困ってしまうのと同じです。

◆I'm so hungry (that) I could eat a whole pizza.
　（腹ペコなので、ピザなら一枚丸ごといけそうだ）

　表現されていなくても会話の流れから判断されることがありますが、そうでない場合は、「だからどうなのだ」の部分を言う必要があります。ところが、いまでは〈I'm so hungry.＝ I'm very hungry.〉という認識をもつ人がだんだん増えてきたので、評価を「？」にしました。

　too（あまりにも〜すぎる）も同様で、度が過ぎていて、そのために何ができないかを言う必要があります。

◆I'm too hungry to concentrate on my English homework.
　（お腹がすき過ぎて、英語の宿題に集中できない）

036

ネイティブの英語

I'm really hungry.

　日本人の場合、really と言えば、もっぱら驚きをあらわす "Really?" です。

　A：She was caught shoplifting.
　　　（彼女、万引きしているところをつかまったんだ）

　B：Oh, really?
　　　（えっ、ほんとう？）

　英米人は、形容詞・副詞を強めて「とても・ひじょうに」と言いたいときも、よく "really" を使います。

　もちろん、"very" を使ってもいいのですが、口語では "really" のほうが好まれます（書き言葉では、"really" は避けられる傾向があります）。あえて日本語にしたら、"very" が「ひじょうに」で、"really" は「とっても・めっちゃ」に近いような気がします。

◆He's really funny.
　（彼ってとっても愉快ね）

◆She's really energetic.
　（彼女はめっちゃエネルギッシュだ）

◆It's really hot today.
　（きょうはとても暑いね）

◆Mexican food is really spicy, but I like it.
　（メキシコ料理はとっても香辛料が利いているけど好きです）

第1章　日本人の9割が知らない英語の基本　037

013 僕はイチローのファンなんだけど、彼のこと、知ってる？

「知っていますか？」と「知り合いですか？」

日本人の英語

❌ I like Ichiro. Do you know him?

ある人と知り合いかどうかを尋ねるときは、ふつう次のように切りだします。

◆A：Do you know Mayumi?
（マユミとは知り合いなの？）

B：Yes, I have known her for ten years.
（ええ、10年来の知り合いよ）

しかし、日本人の場合、ある著名人を知っているかどうかを尋ねるときも "Do you know 〜?" で始めてしまいます。

◆A：Do you know Tokugawa Ieyasu?
（徳川家康を知ってる？）

B：Of course not. He's been dead for 400 years.
（いいや。だって彼は400年も前に死んでいるのだから）

"Do you know 〜?" は、厳密に言うと、「〜と知り合いですか？」であり、「〜に会って話したことがありますか？」なのです。

ネイティブの英語

I like Ichiro. Have you heard of him?

　ある著名人を知っているかどうか聞きたいときは、Have you heard of 〜?（〜のことを耳にしたことがありますか？）で尋ねるのがふつうです。

◆A：Have you heard of J. K. Rowling?
　　（J・K・ローリングを知ってる？）

　B：Of course! She wrote Harry Potter.
　　（もちろん！　『ハリー・ポッター』を書いている人だもの）

　話題にあがった著名人を「知っている」場合は、次のように言います。

◆A：I'm going to see Arashi this weekend!
　　（週末に嵐を観に行くのよ）

　B：I've heard of them. I heard their concerts were sold out.
　　（嵐なら知ってる。コンサートは完売だそうね）

　以上のことは、人間だけでなく、地名などについてもあてはまります。

◆A：Have you ever heard of Atami?
　　（熱海っていうところ、知ってる？）

　B：Yes. But I've never been there.
　　（名前だけは。でもまだ行ったことないんだ）

第1章　日本人の9割が知らない英語の基本　039

014

彼女は日本のことを よく知っている。

well / a lot / much とのつながり

日本人の英語

❌ She knows Japan well.

　日本人がよくやるミスがこれ。どこが誤りかわかりますか。

　以下の英文を見て、いま一度考えてみてください。

⭕ I know Naomi well.
　（ナオミのことならよく知っています）

⭕ I know Professor Green well.
　（グリーン教授のことはよく知っています）

❌ I know Naomi's background well.
　（ナオミの生い立ちならよく知っています）

❌ He knows history well.
　（彼は歴史にくわしい）

わかりましたか。

　〈know ＋人＋ well〉は OK ですが、〈know ＋事柄＋ well〉とはできないのです。残念ながら、このことを知っている日本人はごくわずかです。

◆ I know Mr. Jackson very well.
　（ジャクソン氏ならよく存じあげております）

　〈know ＋人＋ very well〉とすることもよくあります。

040

ネイティブの英語

She knows a lot about Japan.

　ある事柄について「よく知っている」のならば、〈know a lot about ＋事柄〉という言いまわしを使います。肯定の平叙文では a lot（たくさんのこと）を用いるのです。

　「あまりよく知らない」のなら、以下のように言いあらわします。

◆She doesn't know much about Japan.
　（彼女は日本のことをあまりよく知らない）

　このように、not ～ much（あまり～ない）とするのです。「まったく知らない」のなら、nothing / not ～ anything（何も～ない）を用います。

◆She knows nothing about Japan.
　（彼女は日本についてはまったく何も知らない）
＝ She doesn't know anything about Japan.

　「どの程度知っていますか？」なら、次のように言います。

◆A：How much do you know about Japan?
　　　（日本のことはどの程度知っていますか）
　B：Not much at all. I know they speak Japanese there.
　　　（あまりよく知りません。日本語をしゃべっているということぐらいかな）

第1章　日本人の9割が知らない英語の基本　041

015 お鮨を食べますか？

「〜できますか？」と「〜しますか？」

日本人の英語

❌ Can you eat sushi?

　外国人は鮨や納豆が苦手であるという思い込みが日本人にはあって、つい「〜できますか？」と発想してしまうようです。

　"Can you 〜?" は、日本語の「〜できますか？」に相当します。あからさまに〈能力〉を尋ねているような響きがあり、使い方によってはぶしつけで失礼な印象を与えかねません。

　下の2文を比較してみましょう。

① Can you speak Japanese?

② Do you speak Japanese?

　上の①は「日本語を話せますか？」であり、相手の言語能力を露骨に問うているような響きがあります。「話して当然だ」という発話者の思い込みが感じられます。

　いっぽう、下の②は「日本語を話しますか？」で、たんに「日本語を話すかどうか」を尋ねています。

　こう考えると、"Can you eat sushi?" がいかにヘンな英文であるかおわかりになるでしょう。

> **ネイティブの英語**

Do you eat sushi?

このように、Do you eat 〜 ?（〜を食べますか？）
で始めることを勧めます。

◆A：Do you eat sushi?
　　　（お鮨を召しあがります？）

　B：Yes. I love it.
　　　（ええ。大好きです）

あるいはまた、Do you ever eat 〜 ?（日ごろ〜を食
べますか？）と尋ねてもいいでしょう。

◆A：Do you ever eat natto at home?
　　　（家では納豆を食べますか？）

　B：No, we never do. Nobody else in my family
　　　likes it.
　　　（まったく。僕以外はみんな納豆が苦手なんです）

好みを尋ねる Do you like 〜 ?（〜は好きですか？）
を使って言いあらわすこともできます。

◆A：Do you like umeboshi?
　　　（梅ぼしはお好きですか？）

　B：Not really. I can eat them, but I don't like
　　　them.
　　　（あまり。食べられますが、好きではありません）

　A：Me, neither.
　　　（私もなの）

016 アラスカに行ってみたいと思います。

"I think I want to ～"???

日本人の英語

(?) I think I want to visit Alaska.

　「～したいと思います」は、日本人がよく口にするフレーズです。そこで日本人は、「～したい」と「～だと思う」を合体させて、"I think I want to ～" とやってしまいがち。

　中学生や高校生だけでなく、かなり流暢な英語をしゃべるビジネスパーソンでも思わず口にしてしまうフレーズです。

　"I think I want to ～" は、ネイティブ・スピーカーの耳にはどう響くのでしょうか。

　「～したいのですが、自分の気持ちに確信がもてません」と言っているように聞こえます。たいそう自信なさげな口ぶりです。

◆I think I want to visit Alaska, but I'm not sure.

　（アラスカに行ってみたい気もするけど、よくわからない）

　優柔不断な（wishy-washy）態度をとっているかのような感じさえします。

ネイティブの英語

I want to visit Alaska.

　日本語の「思う」には、さまざまな意味があります。「二度と行くまいと思う」の「思う」は「決心する」であり、「手に入れたいと思う」の「思う」は「願う」です。

　こうした事情もあって、日本人はいろいろな動詞に「思う」をつけてしまうのですが、英語の "I think I want to 〜" は、左で述べたように、気持ちがはっきりと決まっていないときに用いるのです。

　そうしたいという気持ちがあれば、たんに "I want to 〜" とだけ言います。

◆We want to reach our goal by the end of the year.
　（年末までに、目標を達成したいと思う）

◆He wants to be an actor.
　（彼は俳優になりたいと思っている）

　丁寧な響きをだそうと思ったら、"I would like to" を使ってみましょう。

◆I'd like to make a toast to the newlyweds.
　（新郎新婦に乾杯したいと思います）

◆We'd like you to visit our website.
　（当社のウェブサイトを訪れていただきたく存じます）

017 もう一度言ってください。

"Once more." の誤解

日本人の英語

(?) Once more, please.

　相手の言っていることが聞き取れなかったとき、こんなふうに言っている日本人があとを断ちません。

　日本人は "Once more." を誤解しています。

　教師が生徒に対して、

◆Once more!

　（もう一回！）

◆Read the sentence once more.

　（その文をもう一度読みなさい）

などと言うことはあるのですが、そうした反復練習などの場合は別として、話し相手に向かって、"Once more." を「もう一度おっしゃってください」の意味で使うことはありません。

　話している途中で、"Once more." の声があがったとしたら、言われたほうは「ずいぶんとぶしつけなことを言う」と感じて、気分を損ねることでしょう。Once more.（さあ、もう一回）は、"Once again." と同様、くりかえし練習のときなどに発せられる命令言葉なのです。

046

ネイティブの英語

・Sorry?(↗)

・Excuse me.(↗)

　相手の言うことが聞き取れなかったときは、日本語の「あ、ごめん」という感じで、このように聞き返します。語尾を上げ調子で言うことを忘れずに。

◆What did you say?

（何ですって？）

◆What was that again?

（いま何て言いましたか？）

◆Please say that again.

（もう一度言ってください）

なんどと聞き返すこともあります。

あるいはもっと丁寧に、

◆Could you repeat that?

（もう一度くりかえしてくれませんか？）

◆Could you say that one more time?

（もう一度言っていただけますか？）

　また、"pardon" という単語を使って聞き返す人がいますが、ずいぶんとかしこまった古い表現のように感じられます。

◆Pardon?

（いま何と言われましたか？）

第1章　日本人の9割が知らない英語の基本　047

018 　誰かに傘を取られてしまった。

"get"と"take"の違いがわかるか?

日本人の英語

❌ Someone got my umbrella.

　コンビニに傘を忘れてしまったので急いで戻ったけれど、もう傘はなくなっていた——そんなとき、日本人はこのように言ってしまいがち。

　外からの何らかの働きかけによって「獲得する」というのが、"get"の中核的な意味です。

◆My brother always gets the biggest piece of cake.
　（兄はいつもいちばん大きなケーキをもらう）

　この文の場合、たとえば、Mom is serving.（ママがそのように割りふる）という働きかけがあるのです。つまり、「与えられて得る」のです。兄は、自分の意思によって、いつもいちばん大きなケーキを取っているのではない、ということです。

◆My dog always gets my leftover bacon.
　（ウチの犬は、私が残したベーコンをいつも食べている）

　この文では、I give it to him.（私が犬のために残したベーコンを与えている）という働きかけがあることが読み取れます。

ネイティブの英語

Someone took my umbrella.

"take" は「自分の意思で取り込む」です。

傘を奪った誰か（someone）は、「自分の意思で取り込んだ」（took）のです。「与えられて得た」（got）わけではありません。

◆My brother always takes the biggest piece of cake.

（兄はいつもいちばん大きなケーキを取る）

この文の場合、He's serving himself.（兄は自分の意思でいちばん大きなケーキを取っている）と考えることができます。

◆My dog took my bacon right off my plate.

（犬が私の皿からベーコンを奪っていった）

私が見ていない隙に、犬が勝手にベーコンを奪っていったのです。私が犬にベーコンを与えたわけではないのです。

◆I think someone took my suitcase by mistake.

（誰かが私のスーツケースを間違えて持っていってしまった）

"take" は、故意に（on purpose）「取る」だけでなく、間違えて（by mistake）「取る」場合や、偶然に（by accident）「取る」場合にも用いられます。

第1章　日本人の9割が知らない英語の基本　049

019 ドンマイ。

日本に蔓延する奇妙な英語

日本人の英語

❌ Don't mind.

「ドンマイ」は日本人の大好きなフレーズ。日本中、老いも若きも、男性も女性も、みんな使っています。英語の先生だって使っています。

日本へやってきたころ、「ドンマイ」なる言葉をあちこちで聞いて、幾度も首をかしげたものです。「気にするな」という意味だということはやがてわかったのですが、どうしてこの奇妙な英語が日本中に浸透してしまったのでしょう。

これは英語ではなく日本語。いまではそう思うようにしていますが、このフレーズを英語だと思い込んでいる日本人はあとを絶ちません。そもそも "Don't mind." という表現は英語にはないのです。

◆ Never mind.

（なんでもない・気にとめないで）

◆ Don't mind me.

（私のことは気にしないでください）

これらの表現ならあるのですが、"Don't mind." という言いまわしはないのです。

ネイティブの英語

Don't worry about it.

このように言います。

また、日本語の「ドンマイ」は "Never mind." に言い換えられる、との指摘を耳にすることがありますが、"Never mind." は「大したことじゃないから気にとめないで」というニュアンスなので、これは間違いです。

◆A：What did you say?

（いま何て言った？）

B：Never mind.

（なんでもない）

このように用いられるのです。

日本語の「ドンマイ」にいちばん近い表現は、Don't worry about it.（気にしないで）です。

◆A：Sorry.

（ゴメン）

B：Don't worry about it.

（ドンマイ）

たんに短く "Don't worry." とだけ言うと、「心配しないで」となります。

◆A：Where's John? He should be here by now.

（ジョンはまだ？　帰ってきてもいいころなのに）

B：Don't worry. He'll be home soon.

（心配するなって。もうじき帰るさ）

第1章　日本人の9割が知らない英語の基本　051

020 みんなハイテンションだった。

緊迫状態?

日本人の英語

❌ Everyone was high-tension.

　「ハイテンション」という言葉、これまで幾度となく聞かされてきました。

　英語の "tension" は strain（張りつめた状態）であり、stress（緊張）であり、pressure（圧迫）です。空気がピンと張りつめた様子をあらわし、精神的な「緊張」や、情勢や関係の「緊迫状態」といった意味で用いられます。日本語の「ハイテンション」というニュアンスはまったくありません。

　英語で tensions run high（テンションが高まる）と言えば、ネイティブなら、何か悪いことが起こりそうだと予感します。そう、"tension" はネガティブなニュアンスを伝える単語なのです。

◆She could feel the tension in the room.
　（彼女は室内の緊張状態を感じとった）

◆That act caused more tension between the two countries.
　（その法令は2国間の緊張状態をさらに高めた）

ネイティブの英語

Everyone was excited.

　気分が高揚するという意味の「テンションが上がる」という表現は、2000年ごろから広く使われるようになったみたいですが、これを英語であらわすと、excited（興奮して）が適切であるように思われます。

◆You look excited today.

　（きょうはハイテンションだね）

◆I was too excited to sleep.

　（テンションが上がっちゃって眠れなかった）

◆She was so excited when she got her new computer.

　（新しいパソコンを手にして、彼女はハイテンションだった）

◆A：What's she so excited about?

　　（どうして彼女はあんなにハイテンションなの？）

　B：She's got a big date tonight.

　　（今夜、大事なデートがあるんだって）

　逆に、気分が滅入っているという意味の「テンションが低い」は、depressed（落ち込んで・元気のない・意気消沈した）という語を使うことをお勧めします。

◆What are you so depressed about?

　（なんでそんなにテンション低いの？）

第1章　日本人の9割が知らない英語の基本　053

021

〔エレベーターの中で〕
すみません。降ります。

「すみません」の表現

日本人の英語

❌ I'm sorry. I'm getting off.

「アメリカ人は自分の非を認めないのが普通だから、やたらに "I'm sorry." と言わないほうがよい」という意見をよく耳にします。じっさい、利害関係が生じたり、裁判沙汰にでもなれば "I'm sorry." と謝るのをためらう傾向がありますが、マナーとルールを身につけた人たち、それから特に女性たちは、むしろすすんで "I'm sorry." と言う傾向が強いように思われます。

◆I'm sorry I'm late.
　（遅くなってすみません）
◆Sorry about the mess.
　（散らかっててゴメンね）
　他人の足を踏んでしまい、相手が「痛い！」と声をあげれば、すかさず次のように謝罪します。
◆A：Ouch!
　　（痛い！）
　B：I'm sorry. Are you all right?
　　（すみません。大丈夫ですか？）

ネイティブの英語

Excuse me. I'm getting off.

しかし、同じ「すみません」でも、相手の注意を引いたり、相手の体に軽く触れたり、中座したり、大きな音を立てたり、話し中に咳やくしゃみが出たときなど、つまり、失礼なことをする（した）ときは、「失礼（しました）」という意味の "Excuse me." を使います。

「すみません。降ります」の「すみません」は、自分の非を認めて「すみません」と謝罪しているわけではないので、こうしたシチュエーションで "I'm sorry." を使うことはありません。

◆Excuse me. Is it all right if I take this seat?
　（すみません。こちらの席、よろしいですか？）
◆Excuse me, could I get past?
　（すみません。通していただけますか？）
では、混んでいる電車の中などで、体がふれてしまったときはどう言ったらいいのでしょうか。
◆Oh, I'm sorry.
　（あ、ごめんなさい）
◆Oh, excuse me.
　（あ、失礼）
どちらもよく使います。
"Excuse me." は〈軽い謝罪〉をしたいときにも用います。

第1章　日本人の9割が知らない英語の基本　055

022 氷で滑って尻もちを ついてしまった。
「お尻」の範囲

日本人の英語

❌ I slipped on some ice and fell on my hips.

"hip" は、脚のつけ根の、左右両側に突き出た部分を指します。したがって、右と左で "hip" は2つあることになります。背後の部分は含みません。

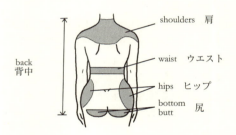

ですから、日本人の言う「彼女は両手を腰にあててそこに立っていた」の "腰" は、

◆She stood there with her hands on her hips.

と、"hip" を使って表現するのです。

というわけで、「尻もちをついた」の「尻」は "hip" で言いあらわすことはできません。

ネイティブの英語

・I slipped on some ice and fell on my bottom.
・I slipped on some ice and fell on my butt〔ass〕.

　日本人が言う「尻・ケツ」は、bottom（お尻）/ butt（尻）/ ass（ケツ）が対応します。

◆Her skin is as soft as a baby's bottom.
　（彼女の肌は、赤ちゃんのお尻のように柔らかい）

　"bottom" は「（物の）底」ですが、人間が座った場合、「底」にあたるのが「尻」になるというわけです。

　"butt" はインフォーマルな表現ですが、日常会話ではたいへんよく用いられます。

◆Does my butt look big in these jeans?
　（このジーンズをはくと、お尻が大きく見えない？）

◆I went horseback riding, and now my butt is sore.
　（乗馬に行ったのはいいんだけど、いまになってお尻が痛いの）

　"ass" はかなり下品な言いまわしです。

◆Look! That woman has a nice ass.
　（見ろよ！　あの女、いいケツしてるな）

　男性同士ではよく使うようですが、けっしてレディのいるところでは使わないように！

第1章　日本人の9割が知らない英語の基本　057

023 腰が痛い。

「腰」を英語で!

日本人の英語

❌ My waist hurts.

体の部位について言うと、英語と日本語ではその認識が異なります。

たとえば、日本語の「腰」にあたる英単語はありません。日本人がよく使う英語の "waist" は、腰のくびれた部分のみを指し、日本語でいう「腰」ではないのです。

以下のイラストで、英語での呼び名を確認してみましょう。

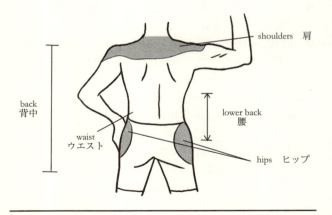

ネイティブの英語

My lower back hurts.

"back" は、肩からお尻までの「背中（全体）」を指します。

◆Keep your back straight.
（背筋をしゃんと伸ばしたままにしなさい）

◆Lie down on your back.
（あお向けに寝てください）

＊Lie down on your stomach.
（うつ伏せになってください）

◆She has a tattoo in the small of her back.
（彼女は腰のくびれた部分にタトゥーをしている）

＊the small of one's back「腰のくびれ部分」

というわけで、lower（下の）という形容詞を back（背中）につけて、"lower back" と言いあらわします。

◆Could you massage my lower back?
（ちょっと腰を揉んでくれない？）

◆My lower back hurts from sitting all day.
（一日中座っていたので腰が痛い）

◆I hurt my lower back when I tried to move the bookcase.
（本箱を移動しようとして腰を痛めてしまった）

◆I can't do that. It hurts my lower back.
（そんなこと、できません。腰を痛めちゃうから）

024 それはゴミ箱へ捨てて。

「ホコリ」と「ゴミ」

日本人の英語

❌ Throw it in the dust box.

ある飲食店で、テーブルを拭く布巾（雑巾）のことを「ダスター」（duster）と言っているのを耳にしました。英語では、"dust rag" が「雑巾」で、"duster" は「（ホコリを払う）羽ぼうき」です。

さて、現代英語では、"dust" は「ゴミ」ではなくて、「ホコリ」の意味で使うのが一般的です。

◆ The dust was blowing all around.
（ホコリが一面、風に舞っていた）

◆ The piano was covered in dust.
（そのピアノはホコリをかぶっていた）

あるいは「ホコリを払う」（動詞）です。

◆ You should dust before you vacuum.
（掃除機をかける前にホコリを払ってね）

また、よく日本人が料理などに粉末を「ふりかける」と言いますが、英語ではこれを "dust" という動詞を使って言いあらわします。

◆ He dusted the cake with cocoa powder.
（彼はケーキにココア・パウダーをふりかけた）

ネイティブの英語

- Throw it in the trash can.
- Throw it in the garbage can.

　「ゴミ」の扱いに関して、みなさんは混乱しているようです。

　厳密に言うと、家庭内の「ゴミ」は、"trash" と "garbage" の2種類に分かれます。

　辞書の定義によれば、"trash" は家庭から出る紙くず・古新聞・段ボール・ビン・がらくたなどの「ゴミ」、"garbage" は台所の「生ゴミ」を指します。

◆ There is a pile of trash in the empty lot.
　（空き地はゴミの山になっている）

◆ Please put your garbage out on the designated collection day.
　（生ゴミは決まった収集日に出してください）

　しかし、アメリカでは日本のようにゴミをきちんと分別しないので、"trash" と "garbage" は交換可能（interchangeable）で、区別なく使っています。

　イギリスでは、家庭用の「ゴミ」も「生ゴミ」もひっくるめて "rubbish" と呼んでいるようです。

◆ Don't forget to put out the rubbish.
　（ゴミ出しを忘れないように）

025 彼にアタックしてみたら？

"attack" は犯罪行為です!

日本人の英語

❌ Why don't you attack him?

　手もとにある国語辞典で「アタック」を引いてみると、「難しい問題・課題に立ち向かうこと」とあり、使用例として「難関校にアタックする」を載せています。転じて、異性などに「（思いきって）言い寄る」となったようですが、英語の "attack" には、そうした意味はこれっぽっちもありません。

　英語の "attack" は、「攻撃する・襲いかかる」です。したがって、上の英文は、ネイティブ・スピーカーには「彼を襲撃してみたら？」と聞こえてしまいます。つまり、あなたは犯罪をそそのかしていることになるのです。

◆Our army attacked the enemy from behind.
　（我が軍は背後から敵を攻撃した）

◆The invaders attacked the harbor during the night.
　（侵入者たちは夜間にその港を襲った）

◆She was attacked with a knife.
　（彼女はナイフで襲われた）

ネイティブの英語

Why don't you hit on him?

日本語の「アタックする」に相当するのが、hit on A（A に言い寄る・A を口説く）です。

日本人の場合、"hit on A" といえば、たいていが「A を思いつく」しか知りません。

◆She hit on a good idea.

（彼女はよい考えを思いついた）

たしかに、これもよく使う表現ですが、目的語に人をおいた場合は「言い寄る」になります。

つまり、ネイティブ・スピーカーは、

hit on someone = make sexual advances toward someone

と考えているのです。

◆If you like Linda, I think you should hit on her.

（リンダのことが好きなら、アタックしてみたら）

◆She's beautiful, so guys hit on her all the time.

（彼女はきれいなので、男たちは始終、彼女に言い寄っている）

◆I just said "hello" and she thought I was hitting on her.

（僕はただ"ハロー"と言っただけなのに、彼女はナンパしてきたと思ったようだ）

第1章　日本人の9割が知らない英語の基本　063

026 まけてもらえませんか?

なじみのある"discount"だけど

日本人の英語

❌ Can you discount?

　商品の値段を安くしてもらうことを「まける」と言います。みなさんも値切り交渉をして、まけてもらったことが一度はあるでしょう。

　そこで、「まける」を英語にすると……そう、聞き慣れたあの言葉、「ディスカウント」です。

　日本人の多くは上のように言ってしまいがち。"discount"を動詞として用いてしまうのです。

　もちろん、動詞用法があることは辞書にも出ています。しかし、日常会話でネイティブ・スピーカーが"discount"という単語を動詞で使うことはまずありません。私自身も聞いたことがありません。

◆The price cannot be discounted.
　（値引きはいたしかねます）

◆Airfare is discounted for seniors.
　（高齢者には航空運賃が割引されます）

　こうした書き言葉による通達文や告知文でしか見かけることはありません。

ネイティブの英語

Can you give me a discount?

　ネイティブは、"discount" を動詞として用いず、名詞として使うのです。

「まける」＝ give someone a discount
「まけてもらう」＝ get a discount

　このように覚えておいてください。
　次のフレーズはたいへんよく使われます。
◆How much of a discount will you give me?
　（いくらまけてくれる？）
　この英文は、次のように言い換えることができます。
＝ How much of a discount can I get?
　とっさに出てくるように、口慣らしをしておきましょう。
　では、名詞 "discount" を使った用例をいくつかごらんください。
◆They gave me a discount because I paid cash.
　（現金で支払ったら、値引きしてくれた）
◆With this coupon you can get a discount.
　（このクーポンがあれば、値引きしてもらえます）
◆How did you get such a good discount?
　（どうしてそんなに値引きしてもらえたの？）

027 〔マラソン走者に〕「ファイト！ ファイト！」

誤解される掛け声

日本人の英語

❌ Fight, fight!

　運動選手を応援するとき、日本人はよく「ファイト！」と声をかけますが、これを聞いたネイティブは間違いなく身体をこわばらせます。

　どうしてでしょうか。

　たとえば、私が通りを歩いていて、いきなり「ファイト！」の声が聞こえてきたら、どこかでケンカが始まったのだと想像してしまいます。

　なぜでしょうか。

　"fight" の意味は「戦う・争う」であり、「殴り合う・口論する」を含意します。

　ですから、ボクシングの試合で、Fight!（始め！）と声をかけるのはいいのですが、マラソン走者に向けて "Fight, fight!" と大声で励ますことは断じてありません。日本では幼稚園や小学校などの運動会で、可愛らしい子どもたちが、あちこちで Fight!（やっつけちゃえ！）と声をあげていますが、英語圏の人がこの光景を見たら、きっと異様に感じることでしょう。

ネイティブの英語

Go, go, go, go!

　英語圏の人たちはこのように Go, go, go, go!（行け、行け！）と "go" を大きな声でくりかえしますが、シチュエーションによって、さまざまな言い方をします。

◆Keep it up!
　（その調子！）

◆Come on, Maki! You can do it! Don't give up!
　（がんばれ、マキ！　いけるいける！　あきらめるな！）

◆Way to go, Mike! You're almost there!
　（いいぞ、マイク！　もうすぐゴールだ！）

　バスケットボールやバレーボールなど、チーム全体を応援するときは、チーム名を入れて、

◆Go, Dragons, go!
　（行け、ドラゴンズ、行け！）

　などと言います。
　野球で、打席に立とうとする選手には、次のように声をかけます。

◆Come on, Jim! You can do it!
　（行け、ジム！　打てる打てる！）

◆Come on, Joe! Give it your best shot!
　（行け、ジョー！　一発かましてやれ！）

第1章　日本人の9割が知らない英語の基本　067

028 朝食はたいていパンです。

「パン」と「トースト」の違い

日本人の英語

❌ I usually have bread for breakfast.

日本語では「米」と「ご飯」を区別して使っています。「朝食はたいていご飯です」と言いますが、「朝食はたいてい米です」と言う人はいません。

同じように、英語でも "bread" と "toast" を区別します（日本人が使っている「パン」は、ポルトガル語に由来します）。"bread" はトーストにする前の「食パン」で、"toast" はオーブントースターなどできつね色に焼いた「パン」を指します。

◆I like toast better than rice.

（ご飯よりパンのほうが好きです）

このように、「ご飯」と対応する「パン」は、toast（トースト）/ (dinner) roll（ロールパン）/ muffin（マフィン）などとしなければなりません。

〔レストランで〕

◆A：Which would you like, rolls or rice?

（パンにしますか、ライスにしますか？）

B：Rolls, please.

（パンをください）

068

ネイティブの英語

I usually have toast for breakfast.

"bread" は「パン」の総称であり、またしばしば「食パン」を指します。したがって、「朝食はたいていパンです」は、このように "toast" を使うのが一般的です。

さて、「パン」にもいろいろありますが、ネイティブは以下のように使っています。

◆I ate a ham and lettuce sandwich for lunch.
（昼食にハムとレタスのサンドイッチを食べた）

◆I'd like a slice of French bread with my dinner.
（ディナーにはフランスパンを1枚つけてください）

◆I'll have coffee and a muffin.
（コーヒーとマフィンをください）

◆Would you rather have a bagel or a Danish?
（ベーグルかデニッシュペストリー、どちらがよろしいですか？）

＊ "a Danish pastry" としてもいいのですが、一般に短く "a Danish" と呼んでいます。

◆I had a croissant and hot chocolate for breakfast every day when I was in France.
（フランスにいたときは、朝食は毎日、クロワッサンとココアだった）

このように、パンを総称的に言うのではなく、具体的な種類を言うのが一般的です。

029 今晩、遊びに出かけようよ。

"play" はどう響く?

日本人の英語

❌ Let's go and play this evening.

日本では、老いも若きも、男性でも女性でも、「遊ぶ」という言葉を頻繁に使います。和英辞典には、「遊ぶ」は "play" だと書かれています。

じっさい、私自身、女友だちから "Come and play at my house next Saturday." と誘われたことがあります。

「今度の土曜日、うちにおいでよ」のつもりで言ったのでしょうが、思わず笑ってしまいました。"play" は「子どもがおもちゃやゲームなどで遊ぶ」の意味だからです。これを大人の会話だとすれば、"play" は「エッチなことをして遊ぶ」のニュアンスで捉えられるでしょう。

◆Come over (to my house) next Saturday.
（今度の土曜日、うちにおいでよ）

大人なら、このように言うのがふつうです。

もちろん、子ども同士なら、"play" を使って言いあらわします。

◆Mom, can I go out and play with Johnny?
（ママ、外でジョニーと遊んでもいい？）

ネイティブの英語

Let's go out this evening.

大人が「遊びに出かける」のなら、"go out" という表現を用います。

◆Sorry, I can't go out tonight.
（ゴメン、今夜は遊びに出られないの）

◆Want to go out after work tonight?
（今晩、仕事のあと、遊びに行かない？）

◆I go out with my coworkers every Friday night.
（毎週金曜日の夜は同僚と遊びに出かけます）

◆I spend too much money when I go out.
（遊びに出かけると、お金を使いすぎてしまう）

また、ティーンエイジャー（13歳〜19歳の若者）や大学生は、何の目的もなく、ただおしゃべりをしたり、音楽を聴いたりすることを「遊ぶ」と言っていますが、英語ではとくにそうした状態を hang out（ぶらぶらする・のんびりと時を過ごす）と呼んでいます。

◆I'm going to hang out with John tomorrow.
（明日はジョンとのんびり過ごすつもりだ）

◆Where do they hang out?
（彼らはいつもどこで遊んでいるの？）

◆This is the bar where they hung out.
（ここが彼らのたまり場になっていたバーだ）

Column　感謝の表現

　一般に、英米社会には日本のような上下関係はなく、したがって英語には敬語表現はないと思われています。しかし、アメリカやイギリスにも間違いなく上下関係は存在し、敬語表現もまたあるのです。

　数年前、ある日本人が留学したいと私のところへやって来ました。私は手続きに関すること、書類の記入のしかたなど、何時間もかけて日本語で教えてあげました。説明を聞き終えて、彼女が私に言ったのは、"Thanks."（ありがと）のひと言だけ。正直、ア然としてしまいました。

　同じ「感謝」をするにしても、さまざま表現があります。

　カジュアルなのは、

◆ Thanks.

◆ Thanks a lot.

　スタンダードなのは、

◆ Thank you.

◆ I appreciate it.

　フォーマルなのは、

◆ Thank you very much.

◆ I really appreciate what you did.

　感謝の表現はたくさんありますが、少なくとも３つのパターンを持っておくことをお勧めします。

第 2 章

ネイティブの英文法

030 「私のこと、愛していないの？」
「ううん、愛しているよ」
否定疑問文の応答

日本人の英語

❌ A：Don't you love me?
　　B：No, I do.

　これまで私は幾度となく、このような応答文（Bの文）を耳にしてきました。否定疑問で問うと、9割の日本人がこのように答えてしまいます。

　これは、日本語の発想のままに英語にしてしまった典型的なミスであり、日本人の英語が「わかりにくい」とされる象徴的な受け答えです。

　英語では、質問の肯定・否定にかかわらず、返答内容が肯定なら "Yes" を、否定なら "No" を用います。つまり、「愛している」のなら、否定疑問で聞かれた場合でも "Yes" になり、「愛していない」なら "No" になるのです。

　また、日本人は、

× Yes, I don't.
× No, I do.

　などとやってしまうのですが、こうした英語表現はありません。"Yes" の後続文に否定文を置いたり、"No" の後続文に肯定文を置いたりすることはないのです。

ネイティブの英語

A：Don't you love me?
B：Yes, I do.

　否定疑問文に対しては、日本語の「はい」「いいえ」とは必ずしも一致しません。ですから、日本語を忘れて答えることが必要です。

　極論を言えば、否定疑問文は肯定疑問文に変換して答えればいいのです。

　"Don't you love me?" と聞かれたら、"Do you love me?" に変えて答えるのです。そうすれば、間違えることはないでしょう。以下で、要領をつかんでください。

◆A：Isn't he coming?
　　（彼、来ないの？）
　B：Yes, he is.
　　（いいえ、来ます）

◆A：Aren't they the same age?
　　（彼らは同い年じゃないよね？）
　B：No. I think Mark's a year older.
　　（うん。マークのほうが1つ上だと思う）

◆A：So, you're not going, right?
　　（ということは、行かないのね？）
　B：Yes, I am going. I'm just going to be late.
　　（ううん、行くつもり。ただちょっと遅れるだけ）

031 ほとんどの赤ちゃんはよく眠る。

まぎらわしい "almost" と "most"

日本人の英語

❌ Almost babies sleep a lot.

　9割の日本人はこのように書いてしまいます。

　それは、「ほとんどの = almost」と覚えているためです。"almost" は、"all" と "most" が結合したものですが、重要なことは、この単語が副詞だということです。つまり、"almost" は名詞の前に置けないのです。

◆ Almost all cats like fish.

　　（ほとんどのネコは、魚好きだ）

◆ She runs almost every day.

　　（彼女はほとんど毎日走っている）

　ただし、everyone / nobody が後ろにある場合は別です。

　これは、every / no（形容詞）＋ one / body（名詞）という合成語であると考えられているためです。

◆ I get along with almost everyone.

　　（私は、ほとんどの人とうまくやっていける）

◆ Almost nobody knew the answer.

　　（ほとんどの人は答えがわからなかった）

ネイティブの英語

Almost all babies sleep a lot.

〈副詞（almost）＋ all（形容詞）＋ babies（名詞）〉の語順になっていることに注目してください。

ネイティブは、"almost" という単語をどのように捉えているのでしょうか。

① 修飾する形容詞・副詞・動詞の直前に置く

② 何かに到達する "一歩手前" と考えている

すなわち、上の英文の場合、「all（形容詞）の一歩手前」なので、日本語では「ほとんど」という訳語を与えているのです。

◆She almost drowned.

（彼女はあやうく溺れるところだった）

この文は「あやうく溺れるところだった」と訳しますが、「溺れる一歩手前だった」とネイティブは捉えています。

また、名詞がある場合は、most（形容詞）を使って、次のように言い換えることもできます。

◆Almost all babies sleep a lot.

＝ Most babies sleep a lot.

（ほとんどの赤ちゃんはよく眠る）

◆Almost all fruit is too sour for my son.

＝ Most fruit is too sour for my son.

（ほとんどのくだものは、息子には酸っぱすぎる）

032 難しくないと思う。

否定語の位置

日本人の英語

? I think it's not difficult.

「AはBではないと思う」という日本語に近い英語表現は、次のうちのどちらでしょう。

(a) I think A is not B.

(b) I don't think A is B.

日本人の発想から言えば、「AはBではない」わけだから、間違いなく(a)の文を選ぶことでしょう。しかしながら、英語を母語とする人たちは(b)の文を選びます。

英語では、内容が否定であることを早く相手に伝える慣習があり、否定語を前に置くこの用法を transferred negation（転移否定）と呼んでいます。

主節の動詞が think / believe / suppose / imagine などの「意見・推測をあらわす動詞」の場合には、否定語はそれにつづく節（主語と述語動詞を含む文）の動詞ではなく、主節の動詞につけるのが一般的用法です。

"I think it's not difficult." という英文は文法的には許容できるものの、ネイティブにはいささか不自然に聞こえるのです。

078

ネイティブの英語

I don't think it's difficult.

主節の動詞が think / believe / suppose / imagine などの「意見・推測をあらわす動詞」の場合、通例、それにつづく文（従属節）が否定されていると思われるときにも、主節の動詞を否定します。

◆ I don't think his plan will work.
（彼の計画はうまくいかないと思う）

◆ I didn't believe that would happen.
（あんなことは起こらないと思い込んでいた）

◆ I don't suppose she's coming.
（彼女は来ないと思う）

◆ I didn't imagine he was alive.
（彼は生きていないと勝手に想像していた）

とはいえ、否定語を従属節に置くこともあり、その場合は、話し手の驚き・意外・いらつき・困惑などの感情が露骨に押し出されます。

◆ John's here? I thought he wasn't coming.
（ジョンがいるの？　来ないとばかり思っていたのに）

◆ She's coming? I supposed she wasn't interested.
（彼女、来るの？　興味がないと思っていたわ）

感情をいささか強調的に伝えることになるため、使うときに注意を要します。

第2章　ネイティブの英文法　079

033 「僕、泳げないんだ」
「私もなの」

肯定文を受けるのか、否定文を受けるのか

日本人の英語

❌ A：I can't swim.
B：Me, too.

「私も！」と相づちを打つとき、日本人の多くは "Me, too." と言ってしまいがち。

◆A：I like sushi.
（僕、鮨が好きなんだ）

B：Me, too.
（私もそう）

このように、"Me, too." は、前の文が肯定のときのみ用いることができるのです。

◆A：I have a cat.
（ネコを飼っているんだ）

B：Me, too.
（私も）

◆A：I am really into yoga.
（ヨガに夢中なの）

B：Me, too.
（僕もだ）

ネイティブの英語

　A：I can't swim.
　B：Me, neither.

　上のやりとりは、

◆A：I can't swim.
　B：I can't swim, either.
と言い換えることができます。

　"either" は否定文を受けて、「……もまた（〜ない）」
というときに用い、not ＋ either ＝ neither（……もま
たない）と考えられています。つまり、Me, neither.
（私もそうではありません）は前の文が否定のときに用
いるのです。

◆A：I don't like jazz.
　　（ジャズは嫌いだ）
　B：Me, neither.(＝ I don't like jazz, either.)
　　（私もなの）

　ところが、Me, neither.（私もそうじゃない）と言う
べきところで、"Me, either." と言ってしまう人もけっ
こういます。非標準的な用法ですが、よく耳にする言い
まわしです（でも、書くときは避けたほうが無難です）。

◆A：I'm not going.
　　（私、行かない）
　B：Me, either.
　　（僕も）

第 2 章　ネイティブの英文法　081

034 仕事の友だちと北海道へ行きました。

「～の」は "of" でいいか

日本人の英語

❌ I went to Hokkaido with my friend of work.

「～の」ときたら、すべて "of" ですませている日本人がいますが、"of" は基本的に〈所属〉と〈構成〉をあらわします。

〈所属〉

・the leg of the table「テーブルの脚」

・a friend of mine「私の友だち」

〈構成〉

・a house of bricks「レンガ造りの家」

・a matter of importance「重大な事柄」

　しかし、次のような「～の」は "of" で言いあらわすことができません。

・my address in Japan「日本の私の住所」

　→「日本における住所」と考えてみる。

・a gift from Nagoya「名古屋のおみやげ」

　→「名古屋から持ち帰ったおみやげ」と考えてみる。

・the picture on the wall「壁の絵」

　→「壁と接触している絵」と考えてみる。

ネイティブの英語

I went to Hokkaido with a friend from work.

"from" は、場所や時間の "出発点" を示します。

◆ How far is it from here to the station?
（ここから駅までどれぐらいの距離ですか？）

◆ We are open from Monday to Friday.
（月曜日から金曜日まで営業しています）

"from" は、このように場所や時間の "出発点" を示すことから、〈出身・出自〉をあらわすようになりました。

◆ Mary is my best friend from elementary school.
（メアリーは小学校時代からの親友だ）

◆ Tom's an old friend from college.
（トムは大学のころからの古い友だちだ）

というわけで、「〜（のころ）の友だち」という場合、英語では、"a friend from 〜" と言います。

◆ I'm going to Okinawa with my friends from high school.
（こんど高校時代の友人たちと沖縄に行くんだ）

いま現在の「学校の友だち」であれば、"a school friend" というのが一般的です。

◆ I invited some of my school friends to my birthday party.
（誕生会に学校の友だちを数人招いた）

第 2 章　ネイティブの英文法　083

035　1時までに会社に戻らないといけない。
"until"と"by"の違い

日本人の英語

❌ I have to be back at the office until 1:00.

　日本人は "until" を勘違いしているようです。それは、"until" を「〜まで」と覚えているためだと考えられます。

　"until" は「〜までずっと」という〈継続〉をあらわし、ある動作や状態がある時点まで継続していることを示します。

　というわけで、"until" は「〜までずっと」と覚えておきましょう。

◆I sleep until noon on Sundays.
　（日曜日は昼まで寝ています）

◆We stayed at the beach until it got dark.
　（私たちは暗くなるまでビーチにいた）

until after 〜（〜過ぎまでずっと）もよく使われます。以下の2つの文を比べてみましょう。

◆Don't call until after 10:00 p.m.
　（午後10時過ぎまで電話しないで）

◆Don't call after 10:00 p.m.
　（午後10時以降は電話しないで）

ネイティブの英語

I have to be back at the office by 1:00.

"by" は「〜までには」という意味の〈期限〉をあらわす前置詞です。ある動作や状態がその特定の時点かそれ以前に完了していることを示します。

> until「〜までずっと」〈継続〉
> by「〜までには」〈期限〉

両者を「〜まで」と覚えると、違いがわからなくなるので、上で示したように覚えておきましょう。

◆I am usually in bed by 11:00 p.m.
（たいてい11時までには床につきます）

◆The package will be delivered by the 18th at the latest.
（小包は遅くとも18日までには配達いたします）

"by" と同様、"by the time" も「〜までには」という意味をもちますが、"by the time" は接続詞なので、その後ろは節（主語と述語動詞を含む文）を導きます。

◆It will probably stop raining by the time we arrive in Kumamoto.
（熊本に着くころには、雨はやむでしょう）

◆By the time I got there, the party was over.
（到着したときには、もうパーティーは終わっていた）

036 彼女はまるでシカのように走る。

"as if"の正体

日本人の英語

? She runs as if she is a deer.

as if（まるで……のように）につづく文では、その可能性がありうると判断した場合は直説法が用いられます。

◆ She looks as if she is rich.

（彼女は金持ちのようだ）

この文は、Perhaps she is rich.（たぶん彼女は金持ちだ）ということをあらわしています。

しかし、事実に反する（unreal）空想をする場合は仮定法が使われます。

◆ She talks as if she were rich.

（彼女はまるで金持ちのような口ぶりだ）

この文では、But she is not.（しかし金持ちではない）が含意されています。

「彼女はまるでシカのように走る」は、彼女はシカではないので、仮定法で言いあらわすのがふつうです。しかし、くだけた口語では、事実ではないのにもかかわらず直説法が用いられています。

086

ネイティブの英語

She runs as if she were a deer.

　上の英文でもわかるように、"as if" は「あたかも……
ように」とか「まるで……のように」と訳します。

　どうしてこのような訳が与えられるのでしょうか。そ
れを解明してみます。

◆She runs as (she would run) if she were a deer.
　　（彼女は、もしシカであるとしたら、シカであるかの
　　ように走る→彼女はまるでシカのように走る）

　このように考えられているのです。if 以下で仮定がな
され、丸カッコの部分が省略された文だったというわけ
です。つまり、「もし……ならば、そうであるように」
を「あたかも……ように」とか「まるで……のように」
と訳すようになったのです。

　また、"as though" も "as if" と同じように用いられま
すが、この "though" は「……だけれども」ではありま
せん。古い英語では、"though" は if と同じ意味をもつ
ことがあったのです（"as though" の初出は1200年ごろ
と言われています）。

　また、アメリカ口語では、主語が１人称と３人称の単
数であれば、仮定法における be 動詞は "was" を使う傾
向があるということも覚えておいてください。

◆= She runs as if she was a deer.

第 2 章　ネイティブの英文法　087

037

シカゴ以外に、ニューヨークとボストンにも行きました。

「〜以外」は "except" か "besides" か

日本人の英語

❌ Except Chicago, I visited New York and Boston.

　日本語の「〜以外」は、〈除外〉と〈追加〉という2つの意味をもちます。つまり、「〜を除けば」と考えられる場合は〈除外〉、「〜に加えて」と言い換えられる場合は〈追加〉となるというわけです。

　上の文の場合、「シカゴのほかに、ニューヨークとボストンにも行った」わけですから、〈追加〉として捉えなくてはなりません。

　"except" は、not including（〜を除外して）の意味で、全体の中から〈除外〉されるものを示します。

◆I like all fruits except bananas.
　（くだものは何でも好き。バナナ以外は）

◆I work every day except Sunday.
　（日曜以外は毎日働いています）

◆Everyone except Bob is coming.
　（ボブを除く全員が来ることになっています）

◆I am free every day except Wednesday.
　（水曜以外は空いています）

ネイティブの英語

Besides Chicago, I visited New York and Boston.

"besides" は〈追加〉を意味し、「〜に加えて・〜のほかに」などと訳すことができます。

つまり、「私」はシカゴ、ニューヨーク、ボストンの3都市に行ったのです。「〜以外」は一見まぎらわしいですが、これからは、「〜以外」ときたら、〈除外〉なのか〈追加〉なのかを考えてみましょう。

◆Where did you go besides London?
（ロンドン以外は、どこへ行ったの？）

◆Besides English, she speaks French and German.
（彼女は、英語以外に、フランス語とドイツ語をしゃべる）

◆Besides tennis, I play Ping-Pong and racquetball.
（テニス以外にも、卓球とラケットボールをやります）

"besides" は、in addition to（〜に加えて）に言い換えることができます。

◆In addition to dogs, I love cats and rabbits.
（イヌだけじゃなくて、ネコもウサギも大好き）

◆In addition to the guitar, he plays the bass.
（ギターのほかに、彼はベースも弾く）

第2章　ネイティブの英文法　089

038 きのう髪を切ったの。

自分で切ったの?

日本人の英語

❌ I cut my hair yesterday.

　日本語では、理容師や美容師などに髪を切ってもらっても、「きのう髪を切ったの」というような言い方をしますが、これを上のような英語で伝えると、あたかも自分自身で髪を切ったかのように受け取られてしまいます。言われたほうは、「この人、変わってる。いつも自分で髪を切るのかしら」と意外な顔をするはずです。

◆ I cut my thumb with a knife.
　（ナイフで親指を切っちゃった）

　この英文は「（誤って）親指を切ってしまった」わけだから、主語は「私」でいいのです。

　"cut" といえば、日本人があまり知らない用法があります。そこで問題です。「この包丁はよく切れる」を英語で言ってみてください。

◆ This kitchen knife cuts well.

　切るのは人なのに、どうして包丁が主語になるのか。日本語でも「よく切れる」と言ったりしますが、主語のもつ "特性" について言及する場合は、様態をあらわす副詞を伴っていれば、英語でも同じように言うのです。

090

ネイティブの英語

・I had my hair cut yesterday.
・I got my hair cut yesterday.

　「髪を切ってもらった」を、日本人はまた、
　× I was cut my hair.
と言ってしまいがち。

　"cut" は二重目的語をとる動詞ではないので、受動態（be cut）になった場合、後ろに名詞が残ることはありません。さらに言えば、"I was cut" の部分だけを訳してみると、「私（の体）が切られた」になってしまいます。おかしいですね。

　このような場合は〈have O *done*〉を用います。

　"have" はもともと「もっている」ですが、「状況をもつ・経験する」という意味もあります。

　〈have O *done*〉は「Oが～される状況をもつ」→「Oを～される」、つまり「髪を切られる状況をもった」→「髪を切ってもらった」と考えるのです。O と *done* は受動関係（「Oが～される」という関係）にあることにも注目してください。〈get O *done*〉としてもOKです。

◆I have my nails done for special occasions.
　（特別な行事があれば、爪のお手入れをしてもらいます）

第2章　ネイティブの英文法　091

039　3日後に、札幌へ行かなくてはならない。

起点となる「時」は"過去"、それとも"現在"?

日本人の英語

❌ I have to go to Sapporo three days later.

英語では、"過去"の時点から「～後」という場合、"later" を使って次のようにあらわします。

◆ I left the house. A minute later it started raining.
（家を出たその1分後に雨が降りはじめた）

a minute later（その1分後）という副詞句を用いるのです。この英文は、"We left the house. It started raining a minute after that." と言い換えることができます。つまり、a minute later = a minute after that なのです。

また、a minute after ...（……の1分後に）という接続詞を使って言いあらわすこともできます。

= It started raining a minute after we left the house.

以上のことからわかるように、過去のある時点を設定したうえで「それから～後に」という場合は、later を使うのが一般的です。

ネイティブの英語

I have to go to Sapporo in three days.

　"現在"という時間を起点にして「(今から) 〜後」は、"in"という前置詞を使ってあらわします。"現在"からある行為をするまでの所要時間を「時間箱」に入れて (in) イメージしているのです。

◆I'll be done in about an hour.

= I'll be done about an hour from now.

（1時間ほどで終わります）

---

　in an hour「(今から) 1時間後に」

= an hour from now

　後ろに"from now"をつけると、「今から〜後に」という副詞句になります。

◆The movie starts in 20 minutes.

= The movie starts 20 minutes from now.

　　（上映は20分後になります）

◆The last train leaves in 6 minutes.

= The last train leaves 6 minutes from now.

　　（最終電車は6分後に出ます）

◆The test is in 2 weeks.

= The test is 2 weeks from today.

　　（テストは2週間後です）

第2章　ネイティブの英文法　093

040 とても楽しかったです。

"enjoy" は目的語を必要とする

日本人の英語

❌ I really enjoyed.

「エンジョイ」は、日本人にはなじみのある単語になりましたが、英語の "enjoy" を使いこなしている人は残念ながらほとんどいません。

A：Did you have fun at the party?

（パーティーは楽しかった？）

B：× Yes, I really enjoyed.

（ええ。とても楽しかったです）

このようにやってしまうのです。"enjoy" は他動詞（目的語を必要とする動詞）ですが、自動詞（目的語を必要としない動詞）として用いる傾向があるのです。

◆Here are your drinks. Enjoy!

（飲み物よ。どうぞ！）

ただし、食べ物や飲み物などを勧めて、「どうぞお召しあがりください」と言ったり、旅行者や宿泊客に「お楽しみください」と声をかけたりすることがありますが、こうした命令文のときのみ、わかりきっている目的語（食べ物・飲み物・滞在など）を省略してしまいます。

しかし、これはあくまでも例外用法です。

ネイティブの英語

I really enjoyed myself.

"enjoy" は、このように目的語を必要とします。

A：Did you have fun at the party?

B：Yes, I really enjoyed myself.

enjoy oneself（楽しむ）は、

= have fun and feel happy

（愉快に過ごして幸せな気分になる）

= have a good time

（楽しい時を過ごす）

とほぼ同意です。

◆The kids really enjoyed themselves at Disneyland.

（子どもたちは、ディズニーランドではしゃぎまくった）

enjoy の目的語は、名詞か動名詞（～ing）に限ります。to 不定詞は目的語にとることはできません。

◆We enjoyed the meal very much. Thanks for inviting us.

（おいしいお料理でした。ご招待いただき、ありがとうございました）

◆I've really enjoyed talking with you.

（お話しできて本当に楽しかったです）

第2章　ネイティブの英文法　095

041 タバコを吸っても かまいませんか？

蔓延している "mind my ～ ing" の誤解

日本人の英語

(?) Do you mind my [me] smoking?

　高校生になると、mind（いやがる）は動名詞を目的語にとることができ、to 不定詞を目的語にとらないということを学びます。そして、動名詞の意味上の主語は、動名詞の前に所有格形もしくは目的格形を置くのだと習います（現代英語では、厳格な文法教師を除けば、所有格形よりも目的格形のほうがよく使われています）。

　もうひとつ。この構文の誤解は、「タバコを吸ってもかまいませんか？」という日本語訳にもあります。

　上の英文は、「このままタバコを吸っていてもいいですか？」であり、すでにタバコを吸っていたり、いつもタバコを吸っている事実があることを含意しています。

◆ Do you mind his [him] auditing the lesson?

　（彼の聴講をこのまま許しますか？）

　この文は、He is already auditing the lesson. Does it bother you?（彼はすでにその講義を聴いていますが、ご迷惑ではありませんか？）と言い換えることができます。動名詞は「すでになされていること」を意味するのです。

096

ネイティブの英語

Do you mind if I smoke?

　まだタバコを吸っていなくて、喫煙の許可を求めるなら、「私がタバコを吸ったら、あなたはいやがりますか？」と尋ねるべきです。

　この文は、I'm about to smoke. I want to know "Will it bother you if I smoke?"（タバコを吸おうと思っていますが、私がタバコを吸ったら、それがご迷惑かどうかを知りたい）と言っているのです。

◆Do you mind if he audits the lesson?

　（彼が聴講してもかまいませんか？）

　この英文は、He wants to audit the lesson. Will it bother you?（彼はその講義を聴きたがっていますが、ご迷惑ですか？）ということ。

　この構文から読み取らなくてはならないのは、その行為はまだなされていない、ということです。

　ですから、

　Do you mind my smoking?

= Do you mind me smoking?

= Do you mind if I smoke?

　などと書いている文法書がたくさんありますが、それは間違いだと言わざるをえません。

第2章　ネイティブの英文法　097

042 彼のアイディアをどう思う？

"think"と"feel"の疑問詞

日本人の英語

❌ How do you think of his idea?

この "think" は他動詞（目的語を必要とする動詞）であると考えられているため、目的語（＝名詞）が疑問詞になれば、"what" にならなくてはなりません。

◆ A：What do you think of my new haircut?
  （どう、この髪型？）

　B：It looks great!
  （素敵ね）

「〜について何を考えているのか？ → 〜についてどう思っているのか？」と考えて、意見や感想を求めるときは、"What do you think of〔about〕〜?" という表現を用いるのです。"how" が "think" と結びつくこともあります。

◆ A：How did you think of the story?
  （どうやってその話を思いついたのですか？）

　B：I had a brainstorm when I was drinking wine.
  （ワインを飲んでいるときに、突然ひらめいたの）

この "think" は自動詞で、手段や方法を尋ねる疑問詞の how と結びついています。

098

ネイティブの英語

・What do you think of〔about〕his idea?
・How do you feel about his idea?

ここまで述べたことをまとめてみましょう。

〔意見・感想を求めるとき〕
What do you think of〔about〕～?
How do you feel about ～?

◆A：How do you feel about Steve's plan?
　　　（スティーヴの計画をどう思う？）

　B：I don't think it'll work.
　　　（うまくいかないと思う）

〔手段・方法を尋ねるとき〕
How did you think of ～?

◆A：How did you think of the idea?
　　　（どうやってそのアイディアを思いついたのです
　　　か？）

　B：I hit upon a good idea when I was listening to
　　　a Beatles song.
　　　（ビートルズの歌を聴いているときに、名案が浮
　　　かんだんだ）

043 私たちは互いによく意見が合う。

"each other" は副詞?

日本人の英語

❌ We usually agree each other.

　日本人にきわめて多いミスがこれ。「互いに」という日本語に引かれて、副詞として用いてしまうのです。

　"each other" は、"him" や "them" と同じ代名詞なので、他動詞（目的語を必要とする動詞）または前置詞の目的語として用います。

　以下の例で、前置詞の有無を確認してください。

◆We love each other.
　（私たちは互いに愛し合っている）
　× We love with each other.

◆They're in love with each other.
　（彼らはラブラブだ）
　× They're in love each other.

◆They shook hands with each other.
　（彼らは互いに握手した）
　× They shook hands each other.

◆We have to cooperate with each other.
　（お互いに協力し合おう）
　× We have to cooperate each other.

ネイティブの英語

We usually agree with each other.

agree（意見が一致する）は、他動詞ではなく自動詞なので、前置詞をつけて、agree with 〜（〜と意見が一致する）としなければなりません。

また、"each other" は所有格をつくることができます。

◆They know each other's shortcomings.

（彼ら互いの欠点を知っている）

でも、主語として用いることはできません。

◆We were attracted to each other the instant we first met.

（初めて会ったとたん、互いが惹かれ合った）

× Each other were attracted ...

では、ともに「お互い」を意味する "each other" と "one another" は何が違うのでしょうか。

たいていのネイティブは、対象となる人数が2人であれ、3人以上であれ、区別なく用いています（2人のときも "one another" を用います）。

◆Ten girls who had an audition sat for two hours without talking to each other [one another].

（オーディションを受けた10人の少女は、互いに言葉を交わさずに2時間も座っていた）

◆The twins are similar to each other〔one another〕.

（その双子は互いによく似ている）

第2章　ネイティブの英文法　101

044 彼女がオーディションに 受からなかったら驚くね。

〈unless＝if not〉とは限らない

日本人の英語

❌ I'll be surprised unless she doesn't pass the audition.

この英文をあえて訳すと、「彼女がオーディションに受からない限り、驚いてしまう」になります。

"unless" は「そうしない限り」というニュアンスが強いのですが、次のような場合は、"unless" は〈if not〉で言い換えることができます。

◆Unless it rains, we will go.

= If it doesn't rain, we will go.

（雨が降らなければ、私たちは行きます）

ここから読み取れることは、原則、「私たちは行く」のです。行かない唯一の理由は「雨が降ること」です。つまり、「理由となる唯一の条件」が示されていれば、〈unless = if not〉が成り立つのです。

◆Unless you input your password, you will not be allowed to proceed.

= If you don't input your password, you will not be allowed to proceed.

（パスワードを入力しなければ、先に進めません）

ネイティブの英語

I'll be surprised if she doesn't pass the audition.

「私が驚く」唯一の理由として、彼女がオーディションに受からないことが示されているわけではありませんので、ここで"unless"を用いることはできません。

下の英文で、「理由となる唯一の条件」が示されていることを確認してください。

◆She will not testify unless she gets protection.
（保護を受けられない限り、彼女は証言をしないだろう）

◆I can't decide unless you tell me what you really think.
（本心を話してくれなければ、決断できない）

ここで問題です。以下の英文は正しいでしょうか。

She will be mad unless I get home by 8:00.

彼女が怒る理由の唯一の条件として、8時までに帰宅しないことが挙げられているわけではないので、ここで"unless"を使うことはできません。

◆She will be mad if I don't get home by 8:00.
（8時までに帰宅しないと、彼女は怒るだろう）

このような場合は、〈if not〉で言いあらわさなければいけません。

045 手を洗うようにと言われた。

"be said to"と"be told to"の考え方

日本人の英語

❌ I was said to wash my hands.

　日本人が知らない用法に、〈指示〉をあらわす "say to *do*" があります。「〜するように言う」とか「〜するように指示する」にあたります。この用法を知らない英語の先生たちがいるのにもたいへん驚かされます。

◆ The doctor said to watch what I eat.
　（医者は、食べるものに気をつけるようにと言った）

◆ The recipe says to fry the onion.
　（レシピにはタマネギを炒めるようにと書いてある）

　しかし、"say" は、受動態にした場合、〈指示〉ではなく、〈伝聞〉をあらわします。

◆ She is said to be the richest woman in Japan.
　（彼女は日本一の金持ちだと言われている）

　また、この英文は次のように言い換えることもできます。

= It is said (that) she is the richest ...

= People say (that) she is the richest ...

= They say (that) she is the richest ...

104

ネイティブの英語

I was told to wash my hands.

「手を洗うようにと彼に言われた」を直接話法であらわすと次のようになります。

◆He said, "Wash your hands."

これを間接話法で言いあらわすと、次のようになります。

◆He said to wash my hands.

"say to *do*" が〈指示〉をあらわすことは、すでに説明したとおりです。

◆He told me to wash my hands.

"tell" を用いた場合は、tell O to *do*（Oに～するように言う）のように、かならず目的語（＝O）を必要とします。そして、これのみに受け身の用法があるのです。

◆I was told to wash my hands.

以下で、"be told to *do*" を用いた英文をごらんにいれましょう。

◆I was told to be here at 9:00.

（9時にここへ来るように言われました）

◆Where were you told to wait?

（どこで待つように言われたのですか？）

◆Do as you are told (to do).

（言われたとおりにやりなさい）

＊"to do" の部分は、ふつう省略されます。

第2章　ネイティブの英文法　105

046 彼にはよくあることだが、きょうも自宅にスマホを忘れてきた。

"as is often the case with A" の重要度

日本人の英語

? As is often the case with him, he left his smartphone at home today.

　手もとにある英文法書を開いてみると、主節の一部や全体を先行詞とする関係代名詞（as）を使った慣用表現として、as is often the case with A（Aにはよくあることであるが）を挙げています。

　また、大学入試のための熟語集を3冊のぞいてみると、どれもこのイディオムを例文つきで載せています。

　しかし、ネイティブ・スピーカーの感覚で言うと、この表現は wordy（冗漫な）であるために、めったに用いることはありません。いや、まったく用いることはない、というネイティブもいるでしょう。少なくとも、わたしたちネイティブにとっては、慣れ親しんでいるイディオムではないのです。

　したがって、みなさんは口語英語で（in spoken English）、この表現を耳にすることはないでしょう。

　日本で、この言いまわしが好まれ、もっとも関係詞を使った慣用句として重視されているのが、私には不思議でなりません。

ネイティブの英語

As usual, he left his smartphone at home today.

　日本語もそうでしょうが、現代語の特徴は、短くて、すっきりとした、簡便な言い方を好むということです。

　ネイティブは、as usual（いつものように・例のごとく）という表現を好んで用います。

　"as usual" は、文頭、文中、文尾、どこにも置くことができます。以下の例文で、たしかめてみましょう。

◆ As usual, we had nice weather on Sports Day.
　（例年どおり、運動会の日は晴天だった）

◆ Ken left home, as usual, at 7 o'clock.
　（ケンはいつものように7時に家を出た）

◆ The bus was full, as usual.
　（バスは満員だった。いつものようにね）

　また、この表現では、形容詞の "usual" を用い、副詞の "usually" を用いないことに注意してください。"as usually" とやってしまう例をよく目にします。

　「いつもより」は "than usual" を用います。

◆ I want you to wake me up earlier than usual.
　（いつもより早く起こしてね）

◆ The store was even busier than usual.
　（店はいつにもまして忙しかった）

　比較級の後ろで用いることをお忘れなく。

047　5年前からここで暮らしている。

"since" と "for" の考え方

日本人の英語

❌ I have lived here since five years ago.

　日本人の場合、「5年前」と「〜から」をくっつけて、"since five years ago" とやってしまいがち。日本語の発想をそのまま英語に適用させたミスです。

◆I have lived here since 2010.
　（2010年からここに住んでいます）
　＊この "since" は前置詞。

◆I've known him since high school.
　（彼とは高校時代からの知り合いだ）
　＊この "since" は前置詞。

◆She has been doing yoga since she retired.
　（彼女は引退してからずっとヨガをやっている）
　＊この "since" は接続詞。

　これらの例でもわかるように、"since" は「昨日」「先月」「2010年」などの "時の一点" を示す名詞、または具体的な状況をあらわす節を伴います。

　また、"I have lived here five years ago." とやる誤りも目立ちます。"ago" は過去形の文でしか使えません。

ネイティブの英語

I have lived here for five years.

いっぽう、"for" は「〜のあいだずっと」という前置詞で、「3日」「2カ月」「5年」などの"期間"を伴います。

◆ It's been raining for two days.
（2日間も雨が降り続いている）

◆ I've known him for ten years.
（彼とは、知り合って10年になる）
さらに例をだして説明しましょう。

◆ I started waiting at 10:00. It's 10:30 now.
（10時から待っていて、今は10時半だ）
この英文は、以下のように言い換えることができます。

= I have been waiting since 10:00.
（10時から待っている）
＊「10時」が"時の一点"。
ということは、すでに「30分待っている」わけだから、次のように言うこともできます。

= I have been waiting for 30 minutes.
（30分間待っている）
＊「30分」が"期間"。
つまり、「ある期間ずっと」と言うときは"for"を使い、「ある時からずっと」と言いたいときは"since"を用いるのです。

048

私に言わせれば、それは邪道だ。

"according to me"と言えるか

日本人の英語

❌ According to me, it is unthinkable.

日本の英語学習者にとって、"according to 〜"はいわば「得意とするフレーズ」のひとつで、多くの人がうまく使いこなしています。

◆According to a survey, there are 1.37 children per family on average.

（ある調査によると、子どもは平均で一家庭に1.37人だそうだ）

"according to 〜"は、「〜の言うことが本当なら」であり、情報源をその後ろにおきます。

◆According to Paul, the people across the road are moving to Yokohama.

（ポールの話だと、向かいの人たちは横浜へ引っ越すそうだ）

つまり、according to Paul = if what Paul says is true（もしポールの言うことが本当なら）なのです。

しかし、「もし私の言うことが本当なら」という日本語がおかしいのと同様、英語でも according to me とは言えないのです。

110

ネイティブの英語

In my opinion, it is unthinkable.

　自分の意見や考えを述べる場合、ネイティブは "in my opinion" という表現をよく使います。日本語の「私に言わせれば」や「私の考えでは」にあたります。

◆In my opinion, she is right.
　（私に言わせれば、彼女が正しい）

　つまりネイティブは、in my opinion = if you want my opinion（私の意見を言わせてもらえば）と考えています。

　では、"in his〔her〕opinion" は使わないかというと、これもよく耳にする表現です。

◆In his opinion, she is stingy.
　（彼に言わせると、彼女はケチだ）

◆In her opinion, he spends too much money.
　（彼女の考えだと、彼は金遣いが荒い）

　さらに言うと、「私の経験によると」を "According to my experience" としている英文を見たことがありますが、これも間違い。

◆In my experience, fads like this rarely last.
　（僕の経験では、こうした流行はまず長続きしませんね）

　「私の経験によると」は、"in my experience" という表現を用います。

第2章　ネイティブの英文法　111

049 私たちは彼を信用しなくなった。

"become to *do*" は誤り

日本人の英語

❌ We've become to distrust him.

「ある状態から他の状態に変化する」というのが、become（〜になる）です。

◆I've become a mother.
（私、ママになったのよ）

◆He became famous overnight.
（彼は一夜にして有名人になった）

注目すべき点は、上の文では〈I = a mother〉という関係が、下の文では〈He = famous〉という関係が、それぞれ成り立っているということです。つまり、"become" は、「主語と補語を等号（＝）で結びつけられる動詞」なのです。

ところが、"I've become to distrust him." の場合、〈I = to distrust him〉にはなりません。よって、become to *do* とはできないのです。

しかし、日本人は "become" を「〜になる」とだけ覚えているので、「〜するようになる」を "become to *do*" とやってしまうようです。

ネイティブの英語

We've come to distrust him.

「（自然に・偶然に）〜するようになる」は、"come to *do*" という表現を使います。

ネイティブは、"come to *do*" を「ある状態に至るようになる」と考えており、"come to" の後ろには、love（愛する）/ know（知っている）/ regard（見なす）/ believe（信じる）/ trust（信用する）/ doubt（疑う）などの「状態動詞」を置こうとする意識がはたらきます。

◆I was a city girl, but I've come to love life in the country.

（私は都会育ちの女の子ですが、田舎の生活を愛するようになりました）

◆I came to regard him as a brother.

（私は彼を兄弟だと思うようになった）

◆Naomi has finally come to trust them.

（ナオミは彼らをやっと信用するようになった）

同じ「〜するようになる」でも、「（学習して・経験から悟って）〜するようになる」は "learn to *do*" を用います。

◆Only recently has she learned to communicate well with her neighbors.

（最近になってやっと彼女は近所の人たちとうまくコミュニケーションをとれるようになった）

第2章　ネイティブの英文法　113

050

シェリルはデイヴィッドと
つき合うのをやめた。

"stop to *do*" と "stop ～*ing*" の区別を

日本人の英語

❌ Cheryl stopped to see David.

"stop" は、"to *do*" も "～*ing*" も後続させることができますが、両者は意味が異なります。"to *do*" は、その形からわかるように、「これから起こす動作」であり、「まだおこなわれていない行為」をあらわします。

◆I want to go to Acapulco.

（アカプルコへ行くことを欲している→アカプルコへ行ってみたい）

"stop to *do*" は「立ちどまって～する・手を休めて～する」という意味です。"stop in order to *do*" と言い換えることができます。したがって、見出しの英文は、「シェリルはデイヴィッドとつき合うために立ちどまった」というヘンな意味になってしまいます。

◆We stopped to take in the view.

（私たちは景色を見ようとして立ちどまった）

◆We started work at 9:00 and then stopped to have coffee at 10:30.

（私たちは9時に仕事を始め、10時半に中断してコーヒーを飲んだ）

ネイティブの英語

Cheryl stopped seeing David.

"stop 〜ing" は、動名詞（〜ing）を目的語にしていることからわかるように、「今していること、これまでしていたことをやめる」の意味。"quit 〜ing" と言い換えることができます。

つまり、上の英文は、

◆Cheryl broke up with David.
（シェリルはデイヴィッドと別れた）
ということを意味しているわけです。
以下の2文を比べてみましょう。

◆She stopped chatting.
（彼女はおしゃべりしているのをやめた→彼女はおしゃべりをやめた）

◆She stopped to chat.
（彼女はおしゃべりをするために立ち止まった→彼女は立ちどまっておしゃべりした）
これで、両者の違いがわかりましたね。

◆His dog wouldn't stop barking.
（彼の犬は吠えるのをやめようとはしなかった）

◆He stopped writing and looked out the window.
（彼は書く手を休め、窓の外を見た）

◆Stop tapping your pencil! It's driving me crazy!
（鉛筆をトントンやらないで。イライラするから）

第2章 ネイティブの英文法　115

051 私はどの政党にも属していません。

"belong" は「状態」をあらわす動詞

日本人の英語

❌ I'm not belonging to any political party.

"belong" の基本的な意味は、「あるべき所にある」であり、「いるべき所にいる」です。

◆ Put the chair back where it belongs.
（イスを所定の場所に戻しておきなさい）

◆ She always felt like she didn't belong.
（ここは自分の居場所ではない、と彼女はいつも感じていた）

ネイティブには、"belong" は「状態」をあらわす動詞だという認識があります。ところが、日本人は "belong" を「属する」と覚えているため、日本語につられて、進行形で言いあらわそうとします。

というわけで、私自身、学生たちに、

◆ The word "belong" describes a state.
（"belong" という語は、状態をあらわしているのよ）

とつねづね説明することになります。

また、"belong" は自動詞のため、目的語をとる場合、"belong to " という形をとります。

ネイティブの英語

I don't belong to any political party.

"belong" は、進行形にできない「状態動詞」である との認識をもってください。

◆She and I belong to the same gym.
　（彼女と私は、同じジムへ通っているの）

◆He was Native American, but I don't know what tribe he belonged to.
　（彼はアメリカ先住民だったけど、どの種族に属して いたかは知らない）

　人を主語にした場合の belong to A（A に所属してい る・A の一員である）はそこそこ使いこなせるようにな っても、無生物を主語した belong to A（A の所有物で ある）を使いこなせる人は依然としてごくわずかです。

　以下の 2 つの例はとりわけ日常会話でよく用いられま す。

◆Who does this jacket belong to?
　（この上着は誰のですか？）

◆Who do these gloves belong to?
　（この手袋は誰のですか？）

　Who（誰）... と声をあげたきり、あとが続かなかっ た光景を何度か目にしています。これを機会にぜひ口慣 らしをしてください。

第 2 章　ネイティブの英文法　117

052 コンビニが強盗に襲われて、現金50ドルが奪われた。

どんなふうに「盗む」か

日本人の英語

❌ The convenience store was stolen $50 in cash.

"steal" は、他人の所有物を「こっそり盗む」です。目的語はあくまで物や金銭であり、人や組織ではありません。

したがって、人や組織を主語にして、The convenience store was stolen... とすることはできません。

ところが、日本人は「コンビニは盗まれた……50ドルを……現金で」と頭の中で作文して、上のような英文をつくってしまいます。私が幾度となく聞いた日本人の英語です。

以下に、"steal" を使った例文をお見せしましょう。

◆Thieves stole paintings worth $3 million from a Rome art gallery.

（窃盗団が、ローマの美術館から300万ドルの価値がある絵画を盗んだ）

steal A from B（BからAを盗む）となっていることに注目してください。

ネイティブの英語

The convenience store was robbed of $50 in cash.

日本人は、rob A of B（A から B を奪う）と暗記していますが、"rob" は「奪う」のではなくて、「襲う・襲撃する」です。「金品を奪う目的で人や店を襲う」のが "rob" なのです。

◆They planned to rob the bank.
（彼らは銀行を襲う計画だった）

"rob A of B" の "of" は、もとは off（離れて）であったと考えられています。

わかりやすく言うと、このページ最上段の見出し文では、The convenience store was robbed.（コンビニが襲われた）と The convenience store was of（= off）$50.（コンビニは50ドル引き離された）と考えられています。「コンビニが襲われ、その結果、コンビニと50ドルが引き離された」のです。

◆They robbed a convenience store. They stole $50 in cash.

このように、2文に分けて言うこともあります。

次の例も参考にしてください。

◆The bank was robbed of over $50,000.
= The bank was robbed. Over $50,000 was stolen.
（銀行が襲われ、5万ドル以上が盗まれた）

第2章　ネイティブの英文法　119

Column　許可の表現

　あるアメリカ人のお宅にお邪魔して、トイレを借りたくなったとしましょう。みなさんなら、どのように言いますか。

◆Can I use the bathroom?
　（トイレ借りていい？）

　仲のよい友だちなら、このように言うのがふつうです。

　でも、その友人がまだ知り合って間もなかったりしたら、

◆Could I use the bathroom?
　（トイレをお借りできますか？）

　と言います。

　その人が知り合ったばかり、そして年齢も上、さらには社会的地位もあるような方だったら、

◆Could I possibly use the bathroom?
　（トイレをお借りしてもよろしいでしょうか？）

　と言えばよいでしょう。

　許可を求める表現というと、日本人は、なんでもかんでも "May I ...?" で済ませようとする傾向がありますが、これは目上の人の権限を尊重しているときに使うフォーマルな表現で、生徒が先生に許可を求めたりするときなどに用います。

第 3 章

「英語の発想」と「日本語の発想」

053 夕べあなたの夢を見た。

"see a dream" と言えるか?

日本人の英語

❌ I saw a dream about you last night.

日本語では「夢を見る」と言うので、"see a dream" と言ってしまいがち。

◆I saw you in a dream last night.

（夕べ夢の中できみを見た）

このように言うことはできますが、"see" の目的語に "dream" をとることはできないのです。「夢を見る」を英語では "have a dream" と言います。

◆Linda woke up crying because she had had a horrible dream.

（リンダは怖い夢を見たらしく、泣きながら目をさましました）

◆Oh! That reminds me. I had a funny dream last night.

（あ、それで思い出したんだけれど、夕べおかしな夢を見たよ）

そのほか、have a strange dream（不思議な夢を見る）、have a good dream（楽しい夢を見る）などがあります。

ネイティブの英語

· I had a dream about you last night.
· I dreamed about you last night.

　ネイティブはこのように言います。
　have a dream about A（A についての夢を見る）と
いうフレーズをぜひ覚えてください。

◆I had a dream about my ex-boyfriend.
　（むかしのボーイフレンドの夢を見た）

◆I still have dreams about my first love.
　（いまだに初恋の人の夢を見る）

　また、動詞の dream（夢を見る）を使ってあらわす
こともできます。

◆What did you dream about?
　（何の夢を見たの？）

◆I dreamed about running a marathon.
　（マラソンを走っている夢を見た）

　なお、"dream of A" は、"dream about A" と同じ意
味で用いられることもありますが、あこがれを抱いて
「A を夢に描く」の意味で使われることも多いというこ
とも覚えておいてください。

◆He dreamed of becoming an astronaut.
　（彼は宇宙飛行士になる夢を思い描いた）

◆She dreamed of marrying a prince.
　（彼女は王子さまと結婚したいと思っていた）

第 3 章　「英語の発想」と「日本語の発想」　123

054 彼の英語が理解できなくて恥ずかしかった。

「恥ずかしい」の使い分け

日本人の英語

❌ I was shy〔ashamed〕because I could not understand his English.

「恥ずかしい」は、さまざまな意味があります。ここでの「恥ずかしい」は「きまりが悪くて恥ずかしい」ですから、"shy" や "ashamed" は使うことができません。

"shy" は「（性格的に）内気な・はにかんだ・引っ込み思案で」という意味です。

◆He liked her, so he was too shy to talk to her.
（彼は彼女のことが好きだったので、恥ずかしくて話しかけられなかった）

◆I can't believe you used to be shy.
（あなたが内気だっただなんて、信じられない）

"ashamed" は良心の呵責を感じて「恥じている」ときに用います。

◆I feel so ashamed for lying to my best friend.
（親友にウソをついてしまった自分が恥ずかしい）

◆You should be ashamed of yourself!
（恥を知りなさい！）

ネイティブの英語

I was embarrassed because I could not understand his English.

人に恥ずかしいところを見られて、バツの悪い思いをしたことがみなさんにもあるでしょう。そんなときに使うのが embarrassed（きまりが悪くて恥ずかしい・まごついて・困惑して）です。

◆She was embarrassed because she had cried in front of everyone.

（みんなの前で泣いたことを彼女は恥ずかしく思った）

◆I feel too embarrassed to say "I love you" to my wife.

（自分の妻に「愛してる」なんて恥ずかしくて言えないよ）

◆I feel embarrassed when I see people kissing in public.

（公共の場でキスをしている人たちを見ると、こっちがまごついてしまう）

自分の知識や能力が足らず顔を赤らめたくなるような恥ずかしい経験をしたとき、あるいはまた、どうしてよいかわからず、まごついてしまったときの状態をあらわす形容詞が、embarrassed（一時的にきまりの悪い思いをして）なのです。

第3章　「英語の発想」と「日本語の発想」　125

055 日本では子どもが減っています。

「減っている」のは数!

日本人の英語

❌ Children are decreasing in Japan.

ネイティブの感覚で言えば、増えたり減ったりするのは number（数）だという認識があります。

◆The number of applicants to K University has decreased.

= Applicants to K University have decreased in number.

（K 大学の志願者数が減った）

このように、「人数の増減」は、the number of A（A の数）を主語にしたり、in number（数において）を後ろにつけるのが一般的です。

もちろん、人数の増減以外では、名詞それ自体を主語として言いあらわすことができます。

◆Our income decreased dramatically when my husband retired.

（夫が退職してからというもの、我が家の収入は激減してしまった）

◆His appetite has decreased considerably.

（彼の食欲はかなり減退してしまった）

ネイティブの英語

・The number of children is decreasing in Japan.

・Children are decreasing in number in Japan.

　左でも述べたように、「人数の増減」について言及する場合は、このように the number（数）を主語にしたり、in number（人数において）という副詞句を添えなくてはなりません。

　"the number" を主語にした場合、

× The number of children are decreasing in Japan.

　と書いてしまう日本人を見かけますが、主語は the number（単数）なので、"The number of children is decreasing ..." としなくてはなりません。

　以上のことは、decrease（減る・減少する）だけでなく、increase（増える・増加する）にもあてはまります。

◆The number of deaths from cancer is increasing year by year.

　（ガンによる死亡者数は年々増加している）

◆Chinese tourists have increased significantly in number.

　（中国人観光客が著しく増えた）

第3章　「英語の発想」と「日本語の発想」　127

056 妻にはなんでも言うようにしている。

「～するようにしている」を英語で

日本人の英語

? I make it a rule to tell my wife everything.

　こうしたとき、日本人は make it a rule to *do*（～することにしている）というイディオムをよく使います。手もとにある4冊の大学受験用の熟語集のどれにも載っています。しかしながら、堅苦しく感じられるせいか、日常会話では一般的ではありません。

　「～するようにしている」を、また次のように言いあらわす人たちもいます。

? It's my policy to tell my wife everything.

　「～するのが私のポリシーだ」は日本人が好んで使うフレーズ。しかし、英語の policy（基本方針）には、ひじょうにフォーマルな響きがあります。

◆ It's our company policy to protect customers' privacy.

　（顧客のプライバシーを保護するのが、わが社の基本方針です）

　これならいいのですが、"It's my policy ..." というフレーズはたいへん奇異に感じられます。

128

ネイティブの英語

I always tell my wife everything.

「私は〜するようにしている」はこのように言うのが
ふつうです。

= I always try to tell my wife everything.
= I try to always tell my wife everything.
= I try to tell my wife everything.

などと言うこともあります。always（いつも）や try
to *do*（〜しようと努める）などの表現を混ぜて使うの
です。「（日頃）〜するようにしている」ときたら、これ
からはこれらのフレーズを使ってみましょう。

◆I always stretch before I go to bed.
　（寝る前にいつもストレッチをやっています）

◆I always try to answer my e-mail before I leave
　the office.
　（退社する前に、かならずメールの返事を書くように
　している）

◆I try to always say two positive things for every
　negative comment.
　（1つ叱ったら、2つ褒めるようにしている）

◆I try to be polite even when I disagree with
　someone.
　（反対意見を述べるときであっても、丁寧にふるまう
　ようにしています）

057 この詩を覚えるように言われた。

"remember" と "memorize" の違い

日本人の英語

❌ I was told to remember this poem.

"remember" は、forget（忘れる）の反対語で、過去の出来事などを「忘れていない」、すなわち「覚えている」状態をあらわします。

◆Do you remember our first date?
（僕たちの初デートを覚えてる？）

◆I don't remember even seeing him there.
（彼にそこで会ったことなど覚えていない）

あるいは、また名前や事実などを「思い出す」という意味でも用いられます。

◆Do you remember his name?
（彼の名前を思い出せますか？）

◆I remembered that I'd left the gas on.
（ガスをつけっ放しにしていたことを思い出した）

"recall" も「思い出す」ですが、この単語は「（意識的に）思い出す」というニュアンスが強く、またフォーマルな感じがします。

◆I don't recall meeting her.
（彼女に会った記憶はありませんね）

ネイティブの英語

I was told to memorize this poem.

"memorize" は、これから「記憶にとどめようとする」、すなわち「覚えようとする」行為を意味します。詩や文章などを「（努力して）暗記する・（意識して）記憶する」にあたります。

◆Actors have to memorize their lines.
（俳優たちはセリフを覚えなくてはいけない）

◆I've memorized all of the names of past prime ministers.
（過去の総理大臣の名前をすべて覚えました）

◆I don't think memorizing dates is the same as learning history.
（年号を覚えることは歴史を学ぶことではないと思います）

また、"memorize" は、"learn 〜 by heart" で言い換えることもできます。

◆I learned all the Carpenters songs by heart.
（カーペンターズの歌は全部覚えた）

覚えている（記憶している）= remember
覚える（記憶する）= memorize
learn 〜 by heart

第3章 「英語の発想」と「日本語の発想」 131

058 割り勘でいこう。

半分払う?

日本人の英語

❌ Let's pay half.

あなたが高価なものを買おうとして、その金額を一度で支払えない場合、店員さんが「きょう半分払って（pay half）、残りは来月お支払いください」などと言います。そのようなときに、"pay half" という表現が使われます。「割り勘でいく」という意味で用いることはありません。また、Let's go Dutch.（割り勘でいこう）を好んで使う日本人もいますが、これは古めかしい表現ですし、オランダ人への差別にあたるとして使われなくなっています。

男性が女性をデートに誘い、女性に自分の分を支払わせたら、その女性は Dutch treat（オランダ式のもてなし→ケチなもてなし→割り勘のもてなし）を受けたことになり、そこから「割り勘にする」が go Dutch（オランダ式でいく）となったのです。

この表現は、イギリスとオランダが軍事や貿易において覇権を競っていた17世紀に端を発します。敵対関係にあったので、イギリス人がオランダ人を蔑んだのです。

ネイティブの英語

Let's split the bill.

　「割り勘でいく」は、「勘定書（the bill）」を「均等に割る（split）」と表現するのが一般的な用法です。

　まず、"split" という動詞を覚えましょう。

◆My roommate and I split the rent.
　（家賃はルームメイトと折半している）

◆We weren't very hungry, so we split a small pizza.
　（あまりお腹がすいていなかったので、私たちは小さなピザを分け合った）

　"bill" は「請求書・勘定書」ですが、アメリカでは、レストランの「勘定書」を "check" と言うことがよくあります。ですから、

◆Let's split the check.

　と言ってもかまいません。

　意外に知られていないのが、アメリカ人がよく使うgo halves（折半にする）です。

◆Let's go halves on dinner.
　（夕食は折半でいこう）

　"halves" は half（半分）の複数形です。

　また、自分の飲み食いした分だけをそれぞれ支払いたければ、前もって店の人に、次のように伝えます。

◆Could we have separate checks?
　（勘定は別々にしていただけますか？）

第3章　「英語の発想」と「日本語の発想」　133

059 彼女はもう彼を愛していないのだと気づいた。

「気づく」の考え方、教えます

日本人の英語

❌ She noticed she didn't love him anymore.

主として、"notice" は見たり聞いたりして「気づく」場合に用います。

◆My dad didn't notice that I had had my hair cut.
（父は私が髪を切ったことに気づかなかった）

◆I noticed that the radio show had a new announcer.
（そのラジオ番組が新しいアナウンサーになったことに気づいた）

あるいはまた、嗅覚や味覚といった感覚によって「気づく」ときにも使います。

◆I noticed the smell of gas, and I opened the windows immediately.
（ガスの匂いに気づき、すぐに窓を開けた）

◆No one noticed that I had used beans instead of meat in the spaghetti sauce.
（スパゲティソースの中に、肉の代わりに豆を入れたのに誰も気づかなかった）

ネイティブの英語

She realized she didn't love him anymore.

"realize" は、おもに精神的な認識によって「気づく」、つまり、考えたり判断したりして「気づく」というときに用います。「実感としてはっきり感じとる」といったニュアンスがあります。

別の日本語で言い換えれば、「悟る」とか「実感する」に近いように思われます。また、形容詞形が "real" であることを思い起こせば、「リアルにわかる」と覚えておいてもよいでしょう。

◆Do you realize the importance of this deal?
　（この取引の重要性がわかっているの？）

◆My husband realized that he had made a big mistake.
　（夫は大きなミスをしたことに気づいた）

◆I realized that it was going to be harder than expected.
　（思っていたよりも難しそうだと気づいた）

◆I didn't realize how much I loved her until she left me.
　（彼女がいなくなってはじめて彼女をどんなに好きだったか気づいた）

第3章　「英語の発想」と「日本語の発想」　135

060 昨夜は10時に寝た。

「床につく」と「寝つく」

日本人の英語

❌ I went to sleep at 10:00 last night.

日本語の「寝る」には大まかに言うと3つの意味があります。

1つ目は「眠る」。

◆I slept well.

（夕べはよく寝た）

眠っている状態は、sleep（眠る）という動詞を使って言いあらわします。

2つ目は「床につく」。

◆My father has already gone to bed.

（父はもう寝ています）

同じ「寝る」でも「ベッドに入る・床につく」は、"go to bed" という慣用句を使います。

3つ目は「寝つく」。

◆He went to sleep with the TV on.

= He fell asleep with the TV on.

（彼はTVをつけたまま寝てしまった）

「寝つく・寝入る」は "go to sleep" という表現を使います。

ネイティブの英語

I went to bed at 10:00 last night.

「昨夜は10時に寝た」の「寝た」は、「床につく・ベッドに入る」という意味なので、"go to sleep" とするのは間違いです。

ネイティブは、〈go to bed（ベッドに入る）= get in bed〉と考えています。

◆What time do you usually go to bed?
（いつも何時に寝るの？）

◆I'm tired, so I think I'll go to bed early.
（疲れたから、早めに寝るね）

◆Kids! It's time to go to bed.
（子どもはもう寝る時間よ）

「寝つく」は "go to sleep" だと言いましたが、「寝つこうとしても寝つけない」という文では "get to sleep" を用います。

◆I can't get to sleep easily these days.
（このごろはなかなか寝つけない）

◆I went to bed earlier than usual, but I had trouble getting to sleep.
（昨夜はいつもよりも早くベッドに入ったんだけど、なかなか寝つけなかった）

つまり、否定文では "get to sleep" を使うのです。

第3章 「英語の発想」と「日本語の発想」 137

061 彼はベストを尽くしたが、結局だめだった。
"at last" と "after all" の違い

日本人の英語

❌ He did his best, but he failed at last.

　日本人がこうした間違いをするのは、"at last" をたんに「最後に」とか「結局」とだけ覚えているからでしょう。"at last" には、「(長いこと待ち望んで) やっと (〜した)・(努力が実って) ようやく (〜できた)」という、願望や努力が達成された喜びが含まれています。

◆Spring's here at last.
　(やっと春がきた)

◆At last he was promoted to section chief.
　(やっと彼は課長に昇進できた)

　"at long last" も同様の使い方をします。これは、"at last" の強意表現と考えることができます。

◆At long last, she got the gold medal in the Olympic Games.
　(ついに彼女はオリンピックで金メダルを取ることができた)

◆They reached the summit at long last.
　(とうとう彼らは頂上に達した)

ネイティブの英語

He did his best, but he failed after all.

　いっぽう、"after all" は、「（予測や期待に反して）結局は〜（だ）」という意味で用いられます。上の英文では、「何度かチャレンジしたが、（期待に反して）彼はだめだった」というニュアンスが漂っています。

◆It didn't rain after all.

　と言えば、天気予報では雨が降るって言っていたのに、「結局、雨にならなかったわね」という含みがあります。つまり、"after all" は、「予測や期待に反した現実を再確認する」ときに使うのです。

◆I tried to give her a hand, but I'm afraid I wasn't much help after all.

　　（彼女を助けてあげたかったけど、結局あんまり役立たなかったみたい）

　"after all" でもうひとつ覚えておいてほしいのは、「現実を再確認」するときの用法。日本語の「そもそも〜なんだから」や「しょせん〜だ」にあたります。

◆I don't tell him what to do. He's a grown man, after all.

　　（彼のやることにあれこれと口を出しません。だって、もう大人なんだもの）

◆They are brothers after all.

　　（なんだかんだ言っても、彼らは兄弟だ）

第3章　「英語の発想」と「日本語の発想」　139

062 彼女にとうとう負かされてしまった。

"at last"と"finally"の区別

日本人の英語

❌ At last she beat me.

前項でも話したように、"at last" は、「ついに」「とうとう」「結局」という意味を持ちますが、「長い間待ち望んでいた結果が出てうれしい」という気持ちが含まれています。「彼女」に負かされた「私」がうれしいはずがありませんから、ここで "at last" を使うことはできません。

また、"at last" は多くの場合、finally（ようやく）に置き換えることができます。以下の英文をごらんください。

◆At last I passed my driver's test.
= I finally passed my driver's test.
（車の運転試験にやっと受かった）

◆A：Dinner's ready.
（夕ごはんのしたくができたわよ）
　B：Finally!
　= At last!
　（やっとか！）

ネイティブの英語

Finally she beat me.

"at last" と "finally" の違いは何でしょうか。

"at last" は結果のできごとがよいことの場合のみに使われるのに対し、"finally" はよい結果だけでなく、悪い結果に対しても用いられるのです。

したがって、「彼女にとうとう負かされてしまった」という文では、"finally" は使えても、"at last" は使えないのです。

◆He overworked until he finally got sick.

（彼は働きすぎで、とうとう病気になってしまった）

◆His vision got worse and worse until finally he was legally blind.

（彼の視力はますます衰え、ついには視覚障害者と認定されてしまった）

◆The newspaper lost advertisers until finally it went out of business.

（その新聞社は、広告主を失い、やがて廃業に追い込まれた）

これらの英文はすべて悪い結果になったと考えられているため、"finally" の部分を "at last" に言い換えることはできません。

第3章 「英語の発想」と「日本語の発想」 141

063

タバコを吸うと、
ガンになるかもよ。

特定の病気に「なる」は?

日本人の英語

❌ If you smoke, you may become cancer.

ある状態に「なる」と言うとき、"get" や "become"
を使います。中学生のときに習いましたね。

◆I get itchy when I wear wool.
　（毛糸のものを着ると、かゆくなる）

◆She becomes frustrated when she can't find the
right words in English.
　（彼女は英語で適切な言葉が見つからないとイライラ
する）

このように、"get" や "become" の後ろに形容詞を置
いて、ある状態に「なる」ことをあらわします。

もちろん、「病気になる」も、これらの動詞の後ろに
形容詞を置いて言いあらわすことができます。

◆He got sick from so much worry.
　（彼は心配のあまり病気になった）

◆You'll become ill if you keep working that hard.
　（そんなに根をつめると、病気になっちゃうよ）

しかし、特定の病気、たとえば「ガンになる」は、
"become cancer" とすることはできません。

142

ネイティブの英語

If you smoke, you may get cancer.

まず、「彼女はガンだ」を英語にしてみましょう。

× She is cancer.

このように言うことはできません。「ガンを患っている」（状態）わけですから、"have" という動詞を使って、次のように言いあらわします。

○ She has cancer.

もちろん "cancer" は名詞です。

◆He has kidney trouble.

（彼は腎臓病だ）

◆My grandpa has liver trouble.

（うちのおじいちゃんは肝臓を患っている）

状態を言うのではなく、特定の病気に「なる」とか「かかる」と言いたい場合は、〈get ＋病名〉で言いあらわします。

◆I get a rash when I wear wool.

（毛糸のものを着ると発疹がでる）

◆Don't kiss me! You'll get the flu!

（キスしないで！ インフルエンザにかかるわよ）

◆You'll get a sunburn if you don't wear sunscreen.

（日焼け止めを塗らないと、日に焼けちゃうよ）

064

カードを持っていなかったので、現金で払わざるをえなかった。

"can't help 〜 *ing*"と"have to"

日本人の英語

❌ I couldn't help paying cash because I didn't have a credit card.

can't help 〜*ing*（〜せざるをえない）は、そうしないように努めていても、そうせざるをえない状況になる、という意味で用いられます。

◆When he fell, I couldn't help laughing.
（彼がころんだので、思わず笑ってしまった）

◆I was so mad! I couldn't help yelling at him.
（カッとなって、思わず彼にどなってしまった）

これらの例に見えるように、"can't help 〜*ing*" は自分ではコントロールできない、無意識のうちになされる行動に対して用いられます。日本語の「思わず〜してしまう」に相当するように思われます。

◆She couldn't help scratching her mosquito bites.
（彼女は蚊に食われたところを思わずひっかいた）

◆I can't help wondering if I made a mistake.
（自分のミスだったのかなと思わずにはいられない）

◆He couldn't help thinking it was his fault.
（彼は自分のせいだと思わないではいられなかった）

ネイティブの英語

I had to pay cash because I didn't have a credit card.

"have to" は、周囲の状況からして「やむをえず〜しなければならない」という場合に用いられます。周囲の状況から判断して、その必要性や重要性が強調されるのです。

上の文の場合、「クレジットカードを持っていなかった」という状況から、「現金で支払わざるをえなかった」という必要性が生じたのです。自分を取り巻く状況をかんがみて、「いかんともしがたい状態」にあるとき、"have to" を用いるのです。

◆I have to admit he's right.
（彼が正しいと認めざるをえない）

自分を取り巻く事情から生まれた「必然的義務感」を感じとってください。

もうひとつ。"have to" の過去をあらわす "had to" は「〜しなければならなかった」ですが、「やった」のか、それとも「やらなかった」のか。

◆I had to get up at five.
（5時に起きなくてはならなかった）

ネイティブは、to 以下の行為は実行されたと捉えます。やるべきこと（= to *do*）を持った（= had）と考えているのです。

第3章 「英語の発想」と「日本語の発想」 145

065 彼女はネコを7匹飼っている。

「ペットを飼う」の"飼う"は"keep"？

日本人の英語

(?) She keeps seven cats.

英和辞典をひくと、"keep" のところに「(動物を) 飼う」と出ています。たしかに「飼う」という意味でよく用いられます。"keep" は「養う・育てる」(= raise) であり、具体的にはエサをやったり、フンの後始末をするなどの「世話をする」(take care) 行為を指して言うことが多いのです。

◆I don't have any pets because they are too much trouble to keep〔= take care of〕.

（ペットは飼っていません。手間がかかりすぎるので）

「世話をする」ことから、「利得のために家畜を育てる」という意味でも用いられるようになりました。

◆We keep〔= raise〕pigs.

（ウチでは豚を飼っています）

◆The Stewarts keep〔= raise〕hens and sell the eggs to their neighbors.

（スチュワートさんの家ではニワトリを飼っていて、近所の人たちに卵を売っている）

ネイティブの英語

She has seven cats.

　というわけで、ペットを「飼う」は、このように "have" という動詞を使うのが一般的です。イギリス人の友人に聞いてみたところ、イギリス英語では "She keeps seven cats." とすることもあるようです。

◆When I was a kid, I had a hamster.
　（子どものころ、ハムスターを飼っていた）

◆A：Do you have any pets?
　　（ペット、飼ってる？）

　B：Yes. I have a dog and two cats.
　　（ええ。イヌを1匹とネコを2匹飼っています）

　しかし、場所を示す語句とともに用いる場合は、「つねにそばに置いている」という意味を持つ "keep" を使います。

◆She keeps seven canaries in a big cage.
　（彼女は大きなかごの中でカナリアを7羽飼っている）

　また、アパートでペットが飼えるかどうかが、会話の話題になりますが、そうしたときの「飼う」は allow（飼うことを許す）という動詞を使います。これもぜひ覚えておいてください。

◆I'm looking for an apartment that allows cats.
　（ペットが飼えるアパートをいま探しているの）

第3章　「英語の発想」と「日本語の発想」　147

066

彼はパーティーへタキシードを着ていった。

「着る」と「着ている」の違い

日本人の英語

❌ He put on a tuxedo to the party.

"put on" と "wear" をごっちゃにして使っている日本人をよく見かけます。

"put on" は「着ている・身につけている」ではなく、「着る・身につける」という動作をあらわします。したがって、「タキシードを着ていた」（状態）を "put on" で言いあらわすことはできません。

◆ If you're cold, you should put on a sweater.
　（寒いのなら、セーターを着たら）

◆ Please wait a moment while I put on an overcoat.
　（コートを着るから、ちょっと待っていて）

◆ She puts on her glasses as soon as she gets up.
　（彼女は、起きるとすぐにメガネをかける）

また、同じ「着る」でも、「着てみる・試着する」は "try on" と言います。

◆ A : I'd like to try this suit on.
　　（このスーツ、着てみてもいいですか）

　B : Sure. Go right ahead.
　　（どうぞ。試着なさってください）

ネイティブの英語

He wore a tuxedo to the party.

いっぽう、"wear" は「着ている・身につけている」という状態をあらわします。

◆I was surprised to see that Americans wear their shoes in the house.

（アメリカ人たちが家の中でも靴をはいているのを見て驚いてしまった）

◆She always wears her wedding ring.

（彼女はつねに結婚指輪をはめている）

整理してみましょう。

> put on「着る・身につける」〈動作〉
> wear「着ている・身につけている」〈状態〉

さて、ここで問題です。

「同窓会へは何を着て行くの？」を英語にしてみてください。"put on" を使うのでしょうか。それとも "wear" を用いるのでしょうか。

◆What are you going to wear to the class reunion?

正解はこれです。ここでは、「着る」という動作が問題になっているわけではなく、「着終わった姿・着用したあとの状態」がイメージされているので、"wear" を用いるのです。

第3章 「英語の発想」と「日本語の発想」　149

067 彼女はついに真実を つきとめた。

"find" と "find out"

日本人の英語

❌ She finally found the truth.

"find" と "find out" の混同がよく見られます。"find"
は、捜している人や物を「見つける・見つけだす」です。

◆I found you, Robbie.

（ロビー、見いつけた）

＊かくれんぼ（hide-and-seek）などでよく使う表現。

◆I can't find my smartphone.

（スマホが見つからない）

◆She hid the money where no one will ever find it.

（誰にも見つからないような場所に彼女はそのお金を
隠した）

次のように、「偶然〈人〉に出会う」とか「ふと
〈物〉を見つける」というときも "find" を用います。

◆I found her in a crowd of people.

（人込みの中で彼女を見つけた）

◆I found a hole in my pocket.

（ポケットに穴を見つけた）

「捜して〜を見つける」も「偶然〜を見つける」も、
"find" を使うのです。

150

ネイティブの英語

She finally found out the truth.

"find out" は、思考や観察などをとおして、それまで知らなかった、あるいは隠されていた事実、たとえば情報・真相・連絡先（住所や電話番号）などを「つきとめる」ときに使います。

◆ Call the theater and find out what's showing.
（映画館に電話して、何を上映しているか聞いてみて）

◆ I went online to find out how much the tickets were.
（そのチケットがいくらなのか、ネットで調べてみた）

＊ go online to find out A「インターネットに接続してAを調べる」

人の悪事や不正を「見破る」という場合にも使われます。

◆ Her trick of stealing public money was found out.
（彼女の公金横領の手口は見破られた）

◆ His evil scheme was soon found out.
（彼の悪だくみはすぐに見破られた）

「見破る」という意味では、このようにしばしば受動態で用いられます。

第3章 「英語の発想」と「日本語の発想」 151

068 これ、私の連絡先ね。

「コンタクト」と「コネ」

日本人の英語

❌ Here is my contact.

　人生には、さまざまな出会いがあります。学校や職場の仲間をのぞけば、ほとんどが一期一会（いちごいちえ）の出会いですが、お互いが連絡先を交換しあったことで、長く友人関係がつづくこともあります。なかには、恋愛、そして結婚へと発展した人たちもいることでしょう。

　さて、上の英文ですが、これを訳してみると、「これが私のコンタクト（レンズ一枚）です」になってしまいます。

　名詞の "contact" で、私の頭に浮かぶのは、日本語で言うところの「（業界の）コネ」です。

◆She has a lot of contacts in the fashion industry.

　（彼女はファッション業界で多くのコネをもっている）

　あるいは「（人との）付き合い・近づき」です。

◆I just moved to Osaka, so I don't have a lot of contacts yet.

　（大阪に越してきたばかりなので、あまり知り合いがいないんだ）

ネイティブの英語

Here is my contact information.

「連絡先」は "contact information" と言います。

相手の連絡先を知りたいときは、次のように言ってみてください。

◆Can I have your contact information?
（連絡先を教えてくれますか？）

携帯電話の番号を知りたければ、

◆Can I have your cellphone number?
（携帯電話の番号を教えてくれますか？）

と言います。メールアドレスを知りたければ、

◆Can I have your e-mail address?
（メールアドレスを教えてくれますか？）

と尋ねます。

このような場合、"contact" という動詞を使って、

◆How can I contact you?
（どうやって連絡をとったらいい？）

◆What's the best way to contact you?
（連絡をとるには、どうするのがいちばんいい？）

などと言うこともできます。

reach（連絡をとる）を使うこともできます。

◆How can I reach you?
（どうやって連絡をとったらいい？）

第3章　「英語の発想」と「日本語の発想」　153

069 英語をマスターしたいです。

「マスター」の意味するところ

日本人の英語

(?) I want to master English.

　日本人はよく「○○をマスターしたい」と言いますが、英語の "master" は知識・技能の習得において「完璧にする」なので、場合によってはひどく大げさに聞こえることがあります。とりわけ、外国語を "マスター" することは至難の業なので、英語を学びはじめて数年にしかならない人が気軽に口にするような単語ではないのです。

　"I want to master English." を日本語にしてみると、「英語の達人になりたい」と言っているように聞こえます。もちろん本気で「達人」と呼ばれるような人になりたければ、それはそれでいいのですが、日常生活で困らない程度の外国語を身につけることを頭に思い描いて、「英語をマスターしたいです」と言うのはいささか的はずれです。

◆English is a difficult language to master.
　（英語は習得するのが難しい言語だ）

◆It took her many years to master the xylophone.
　（長年かけて彼女は木琴をマスターした）

ネイティブの英語

・I want to learn English.
・I want to be fluent in English.
・I want to get good at speaking English.

"learn" は「身につける」です。この動詞を使えば、「英語をなんとか身につけたい」という気持ちを伝えることができます。

◆A foreign language is learned by making mistakes over and over again.
　（外国語は失敗を重ねて身につくものだ）

"fluent" は「言葉がすらすらと話せる」という形容詞。日本人はよく「英語がペラペラになりたい」と言いますが、"fluent" を使えばそのニュアンスをだすことができます。

◆She is fluent in both English and Japanese.
　（彼女は英語も日本語もペラペラだ）

"get good at ～ing" は「～することがうまくなる」というイディオムです。

◆I want to get good at speaking French.
　（フランス語がうまく話せるようになりたい）

◆I'll never be as good at singing as you are.
　（あなたとは違って、私はぜんぜん歌がうまくならない）

070　彼はリストラされた。

「リストラ」の原義

日本人の英語

❌ He was restructured.

「リストラ」は「リストラクチャリング」（restructuring）の略で、「企業組織の再編成・制度の構造改革」を意味します。

また、"restructure" という動詞は、「（組織を）再編成する」、あるいは「（制度を）構造改革をする」という意味で、人間に対して用いることはありません。

◆They're planning to restructure the company.
　（彼らは会社を再編成する計画を立てている）

◆My father was transferred to a subsidiary under the restructuring plan.
　（父はリストラにあって、子会社にまわされた）

これらの例でもわかるように、"restructure" に「クビにする」という意味はありません。

また、企業の業績不振が原因で人員削減をして収益性を高めることを、英語では downsizing（人員削減・リストラ）と呼んでいます。

◆He lost his job due to downsizing.
　（彼は人員削減で職を失った）

156

ネイティブの英語

・He was laid off.
・He was fired.
・He was given the ax.

　一般に、「リストラする・首にする」は lay off（解雇する・人員を整理する）という表現を使います。「離れた（off）ところに置く（lay）」と理解しておきましょう。もともとは従業員を「一時的に休職させる」という意味でしたが、これが体のいい解雇通告であったことから、「リストラする」の意味をもつようになりました。

　"fire" にも「クビにする」という意味があります。なぜ「発砲する」という意味の "fire" が「クビにする」という意味をもつようになったのでしょうか。それは charge（装塡する）の派生語である discharge（発砲する）と関係があるようです。

　"discharge" には「軍人を除隊させる・雇い主にとって負担（チャージ）となってきた人を解雇する」という意味があり、それなら同じ「発砲する」という意味をもつ fire にも「クビにする」という意味をもたせてもよいだろうということでそうなったようです。

　３つめの英文にある "the ax" は「クビ」を示します。「斬首に用いる斧」→「解雇・クビ」となりました。"be given the ax" はインフォーマルですが、友だち同士のくだけた会話では使われます。

第3章　「英語の発想」と「日本語の発想」　157

071 彼はスポーツマンだ。

「スポーツマン」では誤解される

日本人の英語

(?) He's a sportsman.

日本語では、勝敗を争う運動全般を指して「スポーツ」と呼んでいますが、英語の "sport" は狩猟（hunting）、魚釣り（fishing）、競馬（horse racing）などをも含む幅の広い言葉です。

A：Do you do any sports?
（何かスポーツやってる？）

B：No, but I used to ride horses in high school.
（ううん。高校のときは乗馬をやってたけど）

また日本では、スポーツが得意な人を指して、「彼はスポーツマンだ」と言ったりしますが、英語の "sportsman" は sportsmanship（スポーツマン精神）にのっとった態度を保持している人を指して使われます。

◆A sportsman doesn't get mad when he loses.
（スポーツマンは、試合に負けたからといって腹を立てたりしないものだ）

◆You should always behave like a sportsman.
（スポーツマンのごとく、正々堂々とふるまいなさい）

ネイティブの英語

He's good at sports.

日本語で言うところの「彼はスポーツマンだ」は、「彼はスポーツが得意だ」と言い換えて表現します。

◆I wish I were as good at sports as my brother.
（僕も兄のようなスポーツマンだったらいいのに）

◆Everyone in my family is good at sports.
（うちの家族はみんなスポーツ万能だ）

◆The guys who are good at sports get all the girls.
（スポーツが得意な男子は女の子にモテモテだ）

不得意なら、bad を使います。

◆I'm clumsy, so I'm bad at sports.
（私、不器用なの。だからスポーツはだめ）

読者のなかには、「じゃあ、アスリートはどうなの？」と思った人もいるでしょうが、英語の "athlete" はテニスや陸上などの、大きな競技大会に出場する代表選手、あるいは professional athlete（プロの運動選手）を指して言うことが多いのです。

◆I knew I would never be an athlete, so I studied hard.
（スポーツ選手になれないとわかったので、勉強をがんばりました）

◆Serena Williams is an amazing athlete.
（セリーナ・ウィリアムズはすごい選手だ）

第3章　「英語の発想」と「日本語の発想」　159

072 ルームメイトはハーフだ。

「ハーフ」という日本語

日本人の英語

❌ My roommate is half.

　こう言われても、ネイティブはとまどうばかりです。半分って何？　半分しか目が覚めていない？　半分しか聞いていない？　半分しか食べていない？……

　また、たまに half-breed（混血児）という単語を使う人を見かけますが、この語は白人とアメリカ先住民のあいだの「混血児」を指す差別的なニュアンスを含む軽蔑語でもあるので、いまでは使われることがありません。

◆She seems to be asleep half the time.

　（彼女はほとんどいつも寝ているみたいだ）

　"half" は、単独で用いるのではなく、なんらかの修飾する語をもっています。あるいは、〈half-〉という合成語を形成して用いられます。

◆She gave a half-hearted answer.

　（彼女は気乗りのしない返事をした）

　＊half-hearted「気乗りのしない・冷淡な」

　いずれにせよ、〈主語 is half.〉という形では伝わらないということ忘れないでください。

ネイティブの英語

My roommate is half Japanese.

「ルームメイトは日本人とのハーフだ」というような
言い方をします。

◆My roommate is half Italian.
　（ルームメイトはイタリア人とのハーフだ）

　しかしながら、これでは両親のうち、どちらか一方に
ついて言及したことにしかなりません。そこで、次のよ
うに言うこともよくあります。

◆My roommate is half Italian and half Japanese.
　（ルームメイトはイタリア人と日本人のハーフだ）

◆My roommate's dad is Italian and her mom is
　Japanese.
　（ルームメイトは、父がイタリア人で、母が日本人
　だ）

　アメリカでは、父方の祖父母がドイツ系、母方の祖父
母がアイルランド系とフランス系などということもよく
ある話。そんなときは、

◆I'm half German, a quarter Irish and a quarter
　French.
　（私は、半分がドイツ系、アイルランド系とフランス
　系が４分の１ずつなの）
　などと言います。

第３章　「英語の発想」と「日本語の発想」　161

073 彼はやさしい心の持ち主だ。

"heart" と "mind" はどこが違う?

日本人の英語

❌ She has a good mind.

　日本語で言うところの「心」をどう英語であらわすか
は、多くの英語学習者が頭を悩ませている難問のひとつ
です。

　結論を先に言うと、日本語の「心」をそのまま言いあ
らわす英単語はありません。日本では、「考えるとこ
ろ」と「感じるところ」を一体のものとして捉え、これ
らはすべて「心」がつかさどると考えています。

　ところが、英語では「考えるところ」と「感じるとこ
ろ」は別々のところにあると考えているのです。

　「考えるところ」、すなわち「知性・思考・意思決定を
つかさどるところ」は "mind" が対応します。"mind" は、
頭で考えたり決断したりする、理性としての「心」をあ
らわすのです。

◆He told me that his mind was made up.
　（自分の心は決まったと彼は私に言った）

◆She is 95, but her mind is still sharp.
　（彼女は95歳になるけど、頭はまだしっかりしてい
　る）

ネイティブの英語

She has a good heart.

　「感じるところ」、つまり「頭で考えてもどうにもならない喜怒哀楽をつかさどるところ」は "heart" の範疇です。ネイティブは、感情や愛情、やさしさや思いやりは "heart" から生みだされるものだと考えています。

◆I want to thank you from the bottom of my heart.
　（心の底から感謝いたします）

◆He looks like a tough guy, but he has a heart of gold.
　（彼はタフガイに見えるけど、やさしい心の持ち主だ）

◆It breaks my heart to see her so unhappy.
　（彼女があんなにも不幸なのを見ると心が痛むよ）

◆She doesn't seem to trust me in her heart of hearts.
　（彼女は心の奥底では私を信用していないようだ）

　また、「魂」や「精髄」、すなわち力強さをあらわす「心」は、"soul" という語を用います。

◆Haiku and Tanka are expressions of the Japanese soul.
　（俳句と短歌は日本人の心をあらわすものだ）

◆His music has no soul.
　（彼の音楽には心が欠けている）

第3章　「英語の発想」と「日本語の発想」　163

074 私のふるさとはイチゴで 有名です。

「有名な」と"famous"

日本人の英語

? My hometown is famous for strawber-
ries.

　「有名な」というと、みなさんがまず思いつくのは
"famous" ではないでしょうか。しかし、"famous" は
「誰もが知っている」という暗黙の前提があります。

◆Kyoto is famous for its shrines and temples.
　（京都は神社仏閣で有名だ）

　このように、"famous" は「広く知られている」とい
うときには使えますが、一部地域だけで「有名である」
というときには使えないのです。いくら町民たちが「わ
が町はイチゴで有名だ」と言い張っても、全国的に知ら
れていなければ "famous" ではないのです。

　また、"famous" は「（よい意味で）有名な」であり、
「（悪い意味で）有名な」は "infamous" や "notorious"
が対応します。

◆The politician is infamous〔notorious〕for accept-
ing bribes.
　（その政治家は賄賂を受け取ることで悪名高い）

ネイティブの英語

My hometown is known locally for strawberries.

　be known for ～ （～で知られている）と言ってもよいのですが、be known locally for ～ （地元では～で知られている）と言ったほうが自然に聞こえます。

◆This restaurant is known locally for its fresh seafood.
　（このレストランは新鮮なシーフードを出す店として地元では名が知られている）

　このように、locally（局地的に）という副詞を入れれば、日本語で言うところの「地元では」というニュアンスを伝えることができます。あるいは、be known around here for ～ （このあたりでは～で知られている）という表現を使って言いあらわすこともできます。

◆His farm is known around here for growing the best avocados.
　（彼の農園は最高のアボカドを栽培していることで、このあたりでは有名だ）

　もうひとつ。"celebrity" は、タレントや俳優を含めた「有名人」としてよく知られていますが、地元の「有名人」は次のように言います。

◆Keiko is a local celebrity.
　（ケイコは地元の有名人だ）

第3章　「英語の発想」と「日本語の発想」　165

075 4月から社会人になります。

「社会人」と言うけれど……

日本人の英語

? In April I will become a member of society.

「社会人」という表現は、英語圏の人々にとっては、たいへん奇妙に思えます。

そもそも、子どもであれ大人であれ、無職の人であれビジネスパーソンであれ、裁判官であれ囚人であれ、社会に属するすべての人が a member of society（社会の一員）です。ですから、就職して社会に貢献している人のことを、とりたてて「社会人」と呼ぶことはないのです。おそらくこれは、日本人に特有の表現なのでしょう。少なくとも英語圏には「社会人」に相当する英語はありません。

では、「社会人」を英語でどう言いあらわしたらいいのか。和英辞典を引いてみると『ライトハウス和英辞典』（研究社）は、「社会人」を "member of society" だと書いています。首をかしげざるをえません。

というわけで、これを英語にするとなると、正直、困惑してしまいます。あえて英訳すれば、次のように言うことをお勧めします。

ネイティブの英語

In April I will start working (full-time).

それが、この表現です。「4月から（フルタイムで）働きます」と言いあらわすのです。

start working（働き始める→社会人になる）という表現を使えば、言わんとしていることがちゃんと伝わるでしょう。

◆My youngest son just graduated and got a job.
（いちばん下の息子は、卒業するとすぐに社会人になった）

「社会人になる」というのは、「就職する」ということでしょうから、get a job（職につく）と言ってもいいでしょうね。

あるいはまた、「労働人口に参入する」と言い換えて、以下のように表現することもできます。

◆People used to join the workforce right after high school.
（かつては高校を卒業すると社会人になったものだ）

join the workforce（労働力に加わる）も「社会人になる」と訳すこともできます。

いかにもニュース英語っぽいカタい響きがありますが、このような表現に言い換えることで、「社会人」というニュアンスを伝えることができます。

第3章　「英語の発想」と「日本語の発想」　167

076 掃除機がまた故障しちゃった。

「故障している」のあれこれ

日本人の英語

❌ The vacuum is out of order again.

　「故障している」は "out of order" である、と多くの日本人は思い込んでいるようです。

　しかし、"out of order" は、私的所有物を主語にしないのです。「公共性のある物が故障している」ときのみ、"out of order" を使うのです。

◆This elavator is out of order.

　（このエレベーターは故障している）

◆The vending machine was out of order, so I couldn't get any canned coffee.

　（自動販売機が壊れていて、缶コーヒーが買えなかった）

◆The sticker on the parking meter said it was out of order.

　（パーキング・メーターには " 故障中 " の貼り紙があった）

　つまり、"out of order" は、エレベーターや自動販売機など、多くの人々が共同で利用する機械が「故障している」場合にのみ用いるのです。

ネイティブの英語

The vacuum is broken again.

　一般に、物品が故障しているときは、broken を使います。

◆Oh, no. My zipper is broken.
　（まいったな。ジッパーが壊れちゃった）

　この broken は「故障した」という意味の形容詞で、「動かない」状態をあらわす単語です。

◆The washer was broken, so I went to the laundromat.
　（洗濯機が壊れていたので、コインランドリーへ行った）

◆Is this dishwasher broken?
　（この食器洗い器、壊れてる？）

　ここで問題です。something（何か）や、疑問詞の what（何か）を主語にした場合の「故障している」は、どんな単語を使うでしょうか。

◆Something is wrong with this DVD player.
　（この DVD プレーヤーはどこか故障している）

◆What's the matter with the copy machine?
　（コピー機はどこが故障しているの？）

　something や what を主語にした場合の「故障している」は、wrong（調子が悪い）や the matter（困ったこと）を用います。

第3章　「英語の発想」と「日本語の発想」　169

077 詳細は、当社のホームページをご覧ください。

「ホームページ」と「ウェブサイト」

日本人の英語

❌ For more information, go to our home page.

「ホームページ」と「ウェブサイト」の違いがわかりますか。まったく同じように使っている人をよく見かけますが、みなさんはどのように使い分けているのでしょうか。英語で "home page" というと、ブラウザを開くときに最初に表示されるページであり、"website" のいちばん初めにある案内ページのみを指します。

◆ I set Google.com as my home page.

（ホームページに Google.com を設定しています）

◆ The phone number on your home page seems to be wrong.

（ホームページにある御社の電話番号は間違っていませんか）

◆ Click "HOME" to go back to the home page.

（ホームページに戻るには "HOME" をクリックしてください）

"home page" は、ウェブサイトにアクセスしたときに最初に表示されるページなのです。

ネイティブの英語

For more information, go to our website.

　日本人が「ホームページ」と呼んでいるものは、多くの場合、"website" を指しています。

　もともと、"website" の "web" は「クモの巣」、"site" は「場所」です。つまり、クモの巣のように張りめぐらされた情報が保存されている場所が "website" なのです。

　つまり、"website" は、複数のページから成る全体のこと。"home page" は "website" の最初にあるトップページのことなのです（"Web site" と表記することもあります）。

◆I'm creating my own website.
　（自分のウェブサイトを作成しているところです）

◆I don't know how to build a Web site.
　（ウェブサイトの立ち上げ方がわかりません）

◆Would you post a link to my website?
　（リンクをウェブサイトに貼りつけてくれますか？）

◆The results of the speech contest will be posted on our website.
　（スピーチ・コンテストの結果は当社のウェブサイトに公開されます）

◆To download our new song, go to our website.
　（僕たちの新曲をダウンロードしたければ、ウェブサイトにアクセスしてください）

第3章　「英語の発想」と「日本語の発想」　171

Column 依頼の表現

　相手の立場を理解しない言葉づかいは、つっけんどんに響くことがあります。

　たとえば、メモをとろうとしましたが、あいにくペンがありません。まわりの誰かにペンを借りなくてはなりません。あなたはどのように声をかけますか。

◆Will you lend me a pen?

　これは「ペンを貸していただけますか？」という丁寧な表現ではありません。「ペンを貸して」です。"Will you ...?" は、相手が拒否しないということを前提にした依頼表現なのです。兄弟姉妹や仲のよいクラスメイトになら使えます。

　職場の同僚や知人に頼むときは、

◆Can you lend me a pen?

◆Would you lend me a pen?

　などと言います。「ペンを貸してくれますか？」に近いニュアンスがあります。

　見知らぬ人に頼むときは、

◆Would you mind if I borrowed a pen?

◆I was wondering if I might borrow a pen?

　などと尋ねます。日本語の「ペンをお借りできますでしょうか？」に対応する表現です。仮定法を使うことによって丁寧さが増します。

第 4 章

あなたの英語は
誤解されている

078 何時が都合がよろしいですか？

"convenient" は人を主語にできない

日本人の英語

❌ What time are you convenient?

日本語の「都合のよい」は、「あなたは都合がいいの？」とか「土曜の夜は都合がいい」などの例に見えるように、人でも日時でも主語にとれますが、英語の"convenient" は人を主語にすることはできません。

◆Please drop by if it is convenient for you.

（ご都合がよろしければ立ち寄ってください）

この英文を Please drop by if you are convenient. とすることができない理由は、「あなたが都合のよい人なら」という意味になってしまうからです。

"it is convenient for you" となる理由は、"if it is convenient for you to drop by" と考えられているからです。つまり、"it" は形式主語で、for you to drop by （あなたが立ち寄ること）が真主語、後ろの "to drop by" が省略されているというわけです。

inconvenient（都合が悪い）も用法は同じです。

◆Let me know if the schedule is inconvenient for you.

（スケジュールの都合が悪ければ、ご連絡ください）

ネイティブの英語

What time is convenient for you?

　というわけで、what time（何時）を主語にして、このように言わなければなりません。

◆I'm free on Monday or Tuesday. Which is more convenient for you?
　（私は月曜も火曜も空いていますが、あなたはどちらが都合がよろしいですか？）

◆I can come around 11:00. Will that be convenient for you?
　（11時ごろに行けますが、それでよろしいですか？）

◆Would next Friday be convenient for you?
　（次の金曜日はご都合よろしいでしょうか？）

　「都合のよい」は "convenient" ばかりではありません。代わりに、good / better / best などを使うこともあります。

◆If the date isn't good for you, we can change it.
　（その日の都合がよくないのなら、変更いたします）

◆We have an opening at 2:00. Would that be better for you?
　（２時だったら空いていますが、そちらのほうがよろしいですか？）

◆You choose the date that's best for you.
　（いちばん都合のよい日を選んでください）

第4章　あなたの英語は誤解されている　175

079 彼女は私がいちばん好きな歌手だ。

目立つ "favorite" の誤用

日本人の英語

❌ She is my most favorite singer.

中学生のときに、以下のような英文を目にしましたね。

◆ Akiko is the best English speaker in her class.
（アキコはクラスでいちばん英語がうまい）

形容詞や副詞の多くは、原級（辞書の見出し語の形）のほかに、「より〜」をあらわす比較級、「最も〜」をあらわす最上級に変化します。形容詞の "good" は、比較級が "better"、最上級が "best" ですから、上の文では最上級の "best" が使われています。

しかし、"favorite" は「いちばん好きな」という意味の形容詞なので、"most favorite" とは言わないのです。"favorite" 自体に「最も・いちばん」の意味を含んでいるのです。

perfect（完全な）も同様で、"most perfect" とは言いません。

◆ His performance was perfect.
（彼の演技は完璧だった）

◆ I know the perfect place for a workout.
（トレーニングにはもってこいの場所を知っている）

ネイティブの英語

She's my favorite singer.

　というわけで、ネイティブはこのように言います。
〈favorite 〜 = the 〜 I like most〉と考えているのです。

◆Fall is my favorite season.
　（秋がいちばん好きな季節です）

◆I got ketchup on my favorite sweater.
　（お気に入りのセーターにケチャップがついちゃった）

　使い慣れてくると、こうした表現がポンポン口をついて出てくるようです。

　「これまでで最も好きな」なら、"all-time favorite"という表現を使います。

◆Elvis is my all-time favorite singer.
　（エルヴィスが私にとっての最高の歌手なの）

◆James Dean was her all-time favorite actor.
　（ジェームズ・ディーンが彼女にとっての最高の俳優だった）

　もうひとつ。複数名詞に "favorite" をつけることができるということも知っておいてください。

◆This park is one of my favorite places.
　（この公園はお気に入りの場所のひとつです）

◆Two of my favorite actors are in that movie.
　（大好きな２人の俳優があの映画に出ています）

080 彼は神経質だ。

一時的? 恒常的?

日本人の英語

? He's nervous.

「神経質な = nervous」という連想から、多くの日本人はこう言ってしまいがち。

どこがおかしいのでしょうか。

日本語の「神経質」はその人の恒常的な性格を言いますが、英語の "nervous" は一時的に緊張した状態を言うのです。

一時的に落ち着かなくなったり、心配したりすることは誰にでもあることです。ですから、"He's nervous." は「彼は神経質な人間だ」ではなく、「彼はいま（一時的に）緊張している」という意味になるのです。

◆A：Are you nervous?

（緊張しているの？）

B：No. I'm just hungry.

（ぜんぜん。お腹がすいているだけ）

◆People get nervous when they have to give a speech in front of a large audience.

（大勢の前で話すときは、アガッてしまうものだ）

ネイティブの英語

He is the nervous type.

　このように言えば恒常的に「神経質である」と伝えることができます。the ～ type（～なタイプ）で、その人の性質をあらわすことができるのです。

◆She's the quiet type.
　（彼女はもの静かな人だ）

◆Tim is the jealous type.
　（ティムは嫉妬深い人間だ）

◆He is the cheating type.
　（彼は浮気するタイプだ）

　見出し文はまた、sensitive（敏感な・感受性の強い）を使って、次のようにあらわすこともできます。

◆He's overly sensitive.

　"overly" は「過度に」という意味の副詞で、このように「神経質すぎる」と表現すれば、性格の「神経質」を言いあらわすことができます。

　"sensitive" は、日本語の「神経過敏な」に近く、「傷つきやすい」というニュアンスもあります。

◆Karen is such a sensitive girl.
　（カレンは傷つきやすい少女だ）

◆You should not be so sensitive to silly criticism.
　（くだらない批評にそんなに神経をとがらせることはないよ）

第4章　あなたの英語は誤解されている　179

081 チーズはワインに合う。

「フィットする」の使用範囲

日本人の英語

❌ Cheese fits wine.

　あるレストランで、若い女性が、連れの男性に、「チーズはワインにフィットするよね」と言っているのが聞こえてきました。

　衣料品店で「この素材、肌にフィットするからいいよね」と、こう私に同意を求めた友人もいます。

　このように、「フィットする」という表現は日本語の中にすっかり溶け込みました。あたかも、「合う」や「合っている」という日本語を駆逐してしまったかのようです。

　ところが、英語の "fit" は、大きさや型が「合っている」ときにしか使わないのです。日本語の「フィットする」のほうが意味を拡大してしまったのです。

◆These skinny jeans fit me perfectly.
　（このぴちぴちのジーンズ、私に合ってるでしょ）

◆I've gained weight, so now my skirt won't fit.
　（太っちゃって、スカートがもうキツいのよ）

◆I can't find a hat that fits my big head.
　（僕の大きな頭に合う帽子が見あたらない）

ネイティブの英語

Cheese goes well with wine.

"go" は、物と物の色や釣り合いなどに言及して、「合う・マッチする」と言うときに用います。

◆Cheese and wine go together.
（チーズとワインはよく合う）

と言い換えることもできます。

また、後ろに修飾語句を伴わなくても使うことができます。

◆Pickles and wine don't go (together).
（ピクルスとワインは合わない）

物と物との組み合せであれば、さまざまな関係に言及することができます。

◆Those colors don't go (together).
（色が合ってないわね）

"go with" は "match" で言い換えることもできます。

◆Her white hat goes with her red shoes.
= Her white hat matches her red shoes.
（彼女の白い帽子は、赤い靴にぴったりね）

◆These curtains don't go with the wall.
= These curtains don't match the wall.
（カーテンが壁と合っていない）

"go with" の場合と同様、"match" も〈人〉を目的語にとることはできません。

第4章　あなたの英語は誤解されている　181

082 最近、ギリシャへ 行ってきました。

「最近」と"時の意識"

> 日本人の英語

❌ I visited Greece nowadays.

「最近・近ごろ・今日」といえば、日本人がよく使うのは、"nowadays" であり、"these days" であり、"today" です。

それぞれ例文をだしておきましょう。

◆People in Japan seem to be depressed nowadays.
（近ごろ、日本人は元気がないようだ）

◆She's really busy these days.
（最近、彼女はとても忙しい）

◆Today many people have a smartphone.
（今日では、多くの人がスマホを持っている）

これら3つはいずれも正しい文です。

ここから何が読み取れますか。

そう、これらの副詞（句）はいずれも「現在」（at the present time）の文でしか用いることができないのです。

逆を言えば、これら3つの副詞（句）は過去時制の文では用いることができません。

ネイティブの英語

I visited Greece recently.

"recently" は、過去の文で用いることができるほか、現在完了の文で用いることもできます。

◆ I've been busy recently.

（このところ忙しいんだ）

つまり、"recently" は、過去の文と現在完了の文で用いるのです。この英文はまた、

◆ I've been busy lately.

と言い換えることもできます。"lately" は、ほぼ "recently" と同じように使うことができるのです。

これらはまた、否定文でも用いることがことができます。

◆ I haven't seen him lately.

= I haven't seen him recently.

（最近、彼を見かけません）

しかし、"recently" が過去の文と現在完了の文で用いることができるのに対し、"lately" は原則、現在完了の文のみで用います。

したがって、見出しの文は、

× I visited Greece lately.

とはできません。

第4章 あなたの英語は誤解されている　183

083 その慣習は日本独自のものです。

"unique" の2つの意味

日本人の英語

❓ The custom is very unique to Japan.

"unique" という単語は、17世紀にフランス語から英語に入りました。

しかしながら、外来語としての意識がだんだん薄れ、19世紀の半ばごろからさかんに英語圏でも使われるようになりました。

uni（1つ）からもわかるように、one of a kind（比類のない・唯一の・独特な）という意味を持っています。

つまり、「ただ1つしかない」のが "unique" なのです。

ですから、上の英文のように、"unique" を "very" という副詞で強める日本人の英語を聞くと、ネイティブ・スピーカーの耳にはたいへん奇異に感じられます。

◆Traveling by myself in India was a unique experience.

（インドでの一人旅は、これまでにない体験でした）

◆It was a unique piece of art.

（そのような芸術作品は見たことがありませんでした）

ネイティブの英語

The custom is unique to Japan.

　左ページで述べたように、英語の "unique" は、one of a kind（ただ１つの）の意味のときは、"very" で強めることはできません。

　しかし、「風変わりな」の意味で用いられている "unique" は "very" で強めることができます。インフォーマルですが、"unique" は unusual / uncommon（めったにない・珍しい）の意味で用いられることがあるのです。

◆This is very unique ball-point pen.
　（これはたいへん珍しいボールペンです）

◆I saw very unique plants in the desert.
　（砂漠でたいへん珍しい植物を見つけた）

　quite（まったく）や pretty（かなり）のような副詞で強めることもできます。

◆His way of thinking is quite unique.
　（彼の考え方はきわめてユニークだ）

◆Little kids that age ask some pretty unique questions.
　（それぐらいの年頃の子どもは、じつに突拍子もない質問をするものだ）

　「風変わりな」の意味の "unique" は、このように副詞で強めることもよくあるのです。

第４章　あなたの英語は誤解されている　185

084 どこで会おうか？

"meet" vs. "see"

日本人の英語

❌ Where should we see?

"see" は「姿を見かける・目で捉える」が原義です。

◆If you see Paul, say hello for me.
（ポールを見かけたら、よろしく伝えてください）

◆I haven't seen him lately. I wonder how he's doing?
（最近、彼に会っていないけど、元気かな？）

「会って言葉を交わす」という意味を含むこともあります。医者に会い（see）に行き、「診てもらう・相談する」というときにも用います。

◆If you're feeling pain, see a doctor.
（痛みがあるのなら、医者に診てもらいなさい）

◆I have to see the doctor once a week.
（週に1回、医者に行かなくちゃいけない）

別れのあいさつとしても用いられます。

◆See you on Sunday!
（じゃあ日曜日に！）

◆Have fun! See you when you get back!
（楽しんできてね！　帰ってきたら会おうね）

ネイティブの英語

Where should we meet?

　"meet" の原義は、2人以上の人が異なる方向からやってきて、約束して「会う」です。そこから、日時を決めて「会う」という意味をもつようになりました。というわけで、「どこで会おうか？」の「会う」は "meet" を用います。

◆What time should I meet you there?
　（何時にそこで会おうか？）

◆I'm going to meet him for lunch tomorrow.
　（明日、彼に会って昼食を共にするつもりです）
　偶然に「会う」というときにも用います。

◆Walking along the street, I happened to meet Keiko.
　（通りを歩いていて、偶然ケイコに会った）
　初対面のあいさつでは、相手を知らないので、たんに「会う」ことを意味する "meet" を用います。2度目以降は相手の顔を知っているので、「あなたの顔を見られて（see）うれしい」と言います。

◆Nice to meet you.
　（お会いできてうれしいです）〈初対面〉

◆Nice to see you.
　（またお会いできてうれしいです）〈2度目以降〉

第4章　あなたの英語は誤解されている　187

085 あなたってスマートね。

「スマート」と"smart"

日本人の英語

❌ You look smart.

　日本語では細身の人に向かって「あなたはスマートね」と言いますが、それを上のように言うと、「あなたは頭がよさそうだ」の意味にとられてしまいます。

　"smart"は「(痛みが) 鋭い」がもともとの意味。それが外見や輪郭の鋭さや、知性の面での鋭さにも及び、「(頭・発言などが) 鋭い」の意味をもつようになりました。そこから「利口な・賢い・才気のある」、また反語的に「抜け目のない・(子どもが) ませた」などの意味が生まれました。

◆He is a smart guy, but he is stubborn.
　(彼は頭のいいやつだけど頑固だ)

◆I'd say it was a smart move.
　(それは賢明な行動だったと言えよう)

◆That's enough of your smart remarks.
　(そんな生意気な口ぶりはもうたくさんだ)

◆Don't get smart with me.
　(ませた口をきくな)

ネイティブの英語

・You look slim.
・You look slender.

　イギリス英語で "smart suit" といえば、「ぱりっとしたスーツ」のこと。

◆You look smart in your new suit.
　（新しいスーツを着るとさっそうとして見えるね）

　おそらくこうした文脈で用いられた "smart" が日本語のなかに入り込んで、「ほっそりした」という意味をもつようになったのでしょう。

　しかしながら、アメリカ英語であれイギリス英語であれ、"smart" に「ほっそりとした」という意味はありません。

　体型が「ほっそりとした」は、"slim" や "slender" を用います。

◆He has lost weight. He's nice and slim now.
　（体重を落として、彼はほっそりとしてかっこよくなった）

◆She wishes she were slim like her mother.
　（彼女はお母さんのように細くなりたいといつも言っている）

◆She has a slender frame.
　（彼女は細身だ）

第 4 章　あなたの英語は誤解されている　189

086 彼女はスタイルがいい。

意味内容の違い

日本人の英語

❌ She has a good style.

英語の "style" は「（文芸の）様式・（服装や生活の）スタイル」なので、

◆ She has a good sense of style.
（彼女は服の趣味がいい）

◆ Lots of fans copy her lifestyle.
（多くのファンが彼女のライフスタイルを真似ている）

などと言うことはできても、姿かたちの「スタイルがいい」という意味では用いることができません。

また、見出し文を「彼女はいいプロポーションをしている」と言い換えて、

× She has a great proportion.

と言う人がいますが、これも慣用的な使い方ではありません。"proportion" は「割合・比率」のほかに、「（他との）釣り合い・バランス」といった意味もあるのですが、その場合は "proportions" とするのが一般的です。たとえば、a girl with fine proportions（プロポーションのいい女の子）のような使い方をします。

ネイティブの英語

She has a great figure.

このように言えば、聞き手は彼女を「均整のとれたすばらしい体型」（a great figure）の持ち主だと思うことでしょう。これは、主に女性の美に対して使われる表現です。

◆She has a great figure and a good sense of style.
（彼女はスタイルもいいし、服のセンスもいい）

◆She's 50, but she still has the figure of a 20-year-old.
（彼女は50歳なのに、20歳の女の子のスタイルを維持している）

女性の美しさとしての「スタイル」を言う場合は、"figure" を使うということを覚えておいてください。

では、男性の「スタイルがいい」は、どのように言ったらいいのでしょうか。

◆He's in great shape.
（彼はスタイルがいい）

"in great shape" を使えば、シェイプアップをして、太ってもいず痩せてもいず、healthy-looking（健康的に見える）といったニュアンスを伝えることができます。

もちろん、女性を主語にしても使われます。

◆She's in great shape because she goes to the gym.
（彼女はジムへ通っているから、スタイルがいい）

第4章　あなたの英語は誤解されている　191

087 彼は禅について私に説明してくれた。

"explain" に "前置詞" は必要?

日本人の英語

? He explained about Zen to me.

どこが誤りかわかりますか。

explain（説明する）と目的語の関係について考察してみましょう。

一般に、「〈事柄〉について説明する」は、

× explain about ＋事柄

○ explain ＋事柄

なのです。

「〜について説明する」のだから、"about" という前置詞が必要なのではと考える日本人が多いようですが、"explain" は他動詞で用いるのがふつうです。

? He explained about Zen to me.

○ He explained to me about Zen.

このように "explain" を自動詞として用いる場合もあるのですが、その場合は〈to ＋人〉を先にもってくるのです。こうすれば、ネイティブが容認できる英文になります。日本人には少々わかりづらいかもしれませんが、〈explain to 人 about 事柄〉と覚えておけば大丈夫でしょう。

ネイティブの英語

He explained Zen to me.

　事柄を目的語にとった場合、"about" をつけず、このように言うのがふつうです。

　"explain" はまた、that- 節を目的語にすることができます。

◆She explained to us that she couldn't attend the funeral.
　（彼女はお葬式に出席できないと私たちに説明した）
　wh- 節を目的語にすることもできます。

◆I can't explain what I like about him.
　（彼のどこがいいのか、うまく説明できない）

◆Please explain how you came up with the concept.
　（そのような構想がどのようにして浮かんだのか教えてください）

　explain how to 〜（〜する方法を説明する）は日常的によく使われるフレーズです。

◆A：Can you explain how to bake cookies?
　　（クッキーの焼き方を教えてくれる？）

　B：Sure. When is a good time for you?
　　（いいよ。いつが都合がいいの？）

第 4 章　あなたの英語は誤解されている　193

088 先生は生徒たちにプリントを配った。

"print" は「痕跡」

日本人の英語

❌ The teacher gave each student a print.

　"print" と聞いて、まっさきに頭に浮かぶのは「痕跡」です。これが "print" の中心的意味と言ってもよいでしょう。そして、「痕跡」とくれば、思い浮かぶのは fingerprint（指紋）という単語です。

◆The glass had the suspect's fingerprints on it.
　（グラスには容疑者の指紋があった）
　それから、footprint（足跡）です。

◆We saw footprints in the snow.
　（わたしたちは雪の中に足跡を見つけた）
　次に、絵画などの「複製画」が頭をよぎります。

◆She bought an Andy Warhol print.
　（彼女はアンディ・ウォーホールの複製画を買った）
　そうそう、「活字」なんていう意味もありました。

◆I can't read it because the print is too small.
　（活字が小さすぎて読めません）
　でも、学校などで配られる「プリント」は、私の頭の中でまったくイメージされません。

ネイティブの英語

The teacher gave each student a handout.

"print" には「印刷・活字」の意味はあっても、「配布物」の意味はありません。

おそらく、「印刷→印刷物→配布物」と連想されたのでしょう。そして、そのカタカナ英語が日本中の学校、さらには英語の先生にまでも浸透してしまったのですね。

英語では「(手渡し用の) 配布物＝プリント」や「(無料配布の) 小冊子＝ビラ」のことを "handout" と言います。もちろん、教室や会議などで配る印刷物も "handout" です。"print" ではありません (先生方、英語の授業では、ぜひ "handout" と言ってください！)。

◆Has everyone got a copy of today's handout?
　(全員、きょうの配布プリントを受け取ったかな？)

◆I didn't get a handout.
　(プリント、もらっていません)

◆According to the handout, doors open at 6:30.
　(ビラには、6時半開場と書いてあります)

ついでながら、試験の「問題冊子」は "test paper"、「解答用紙」は "answer sheet" と言います。

◆Read your test papers carefully and use a number two pencil to mark your answer sheet.
　(問題冊子をよく読み、解答用紙にはHBの鉛筆で記入してください)

第4章　あなたの英語は誤解されている　195

089 今夜は残業だ。

"overwork" か、"work overtime" か

日本人の英語

❌ I have to overwork tonight.

日本人がよく言う表現がこれ。

そもそも "overwork" には「残業する」という意味はありません。"overwork" と聞いて、私がまず思いつくのは名詞としての用法です。

◆They say he died from overwork.

（彼は過労死だと言われている）

＊overwork（名詞）「働きすぎ・過労」

次に思いつくのは「こき使う」という他動詞。

◆Steve is always overworking his men.

（スティーヴはいつも部下をこき使っている）

自動詞用法で「働きすぎる」もありますが、"work too hard" と言うのがふつう。

◆Don't work too hard.

（あんまり根をつめるなよ）

形容詞形の overworked（働きすぎで）はよく耳にします。

◆I am stressed out and overworked.

（ストレスがたまっているうえに過労ぎみだ）

ネイティブの英語

・I have to work overtime tonight.
・I have to do overtime tonight.

　「残業する」にあたるのが "work/do overtime" です。"work overtime" の "overtime" は「時間外に」という副詞で、"do overtime" の "overtime" は「超過勤務」という名詞です。

◆I'll be home soon. I don't have to work overtime tonight.
　（いまから帰るよ。今夜は残業がないから）

◆It's the busy season, so we all have to do overtime.
　（いまは繁忙期だから、こうしてみんな残業ってわけさ）

◆I did ten hours' overtime this week.
　（今週は10時間残業した）

　これに関連して、overtime pay（残業手当）という表現も覚えておきましょう。たんに "overtime" とだけ言うこともあります。

◆If I work late, I'll get overtime pay.
　（遅くまで働けば、残業手当がもらえるんだ）

◆There's a limit to how much overtime we can get.
　（残業手当には上限がある）

第4章　あなたの英語は誤解されている　197

090 彼らはたいへん仲がよかった。

どんなふうに「仲がいい」のか

日本人の英語

? They were on good terms with each other.

"on good terms" を、手もとにある英和辞典では「仲がよい」としています。たしかに「仲がよい」のですが、厳密に言うと、「互いに悪感情をもたずに、良好な関係を維持している」といったレベルの「仲がいい」のであって、「たいへん仲がいい」のではけっしてありません。

私の頭に真っ先に浮かぶのは、次のような一文です。

◆They remained on good terms even after their divorce.

（彼らは離婚したあともいい関係にある）

彼らは、別れたあとも、悪感情をもたず、良好な関係を維持している。でも、だからといって、いっしょに暮らしたいかというとそうではない —— といったレベルの仲なのです。

◆I'll recommend you for the job. I'm on good terms with the owner of the store.

（その仕事がしたいのなら、推薦してあげるよ。店のオーナーとは顔見知りだから）

ネイティブの英語

・They were very good friends.
・They were very close.

　私の口をついて出たのは上の英文です。「彼らはたいへん仲のよい友だちだった」と言いあらわしてみました。

◆A：Are you friends with Yuko?
　　　（ユウコとは親しいの？）

　B：Yes, we've been good friends since childhood.
　　　（ええ、子どものころから仲よしなの）

　２つめは、close（親密で）という形容詞を使って表現してみました。a close friend（親友）の"close"です。たまに動詞のclose（閉じる）と勘違いをして〔クロウズ〕と発音する人を見かけますが、形容詞のほうは〔クロウス〕と読みます。

◆They were just friends at first, but they grew very
　close.
　（最初のうち、彼らはただの友だちでしたが、だんだん親密になっていった）

◆They're twin sisters, so they're very close.
　（彼女たちは双子なので、たいへん仲がいい）

◆We've invited only family and close friends.
　（わたしたちは、家族と親友だけを招待した）

第４章　あなたの英語は誤解されている　199

091 ケンはボーイフレンドの 一人です。

「ボーイフレンド」と「ガールフレンド」の範囲

日本人の英語

? Ken is one of my boyfriends.

どこがおかしいかわかりますか。

日本語で「男友だち」というと、たんなる異性の友人のことを指します。

しかし、英語の "boyfriend" は、恋愛関係にある（ときには性的関係があることを含意する）特定の友人のことです。日本語の「彼（氏）」にあたります。

したがって、上の英文は、ネイティブにとってたいへん奇異に感じられます。「私には恋愛関係にある彼氏がたくさんいて、ケンはそのうちの一人だ」と言っているのですから。

同様に、英語の "girlfriend" は、恋愛関係にある女性のことであり、日本語の「彼女」にあたります。

◆She said she had a boyfriend.
（彼女は、彼氏がいると言った）

◆Mayumi and her boyfriend just broke up.
（マユミと彼は別れたばかりだ）

◆Why don't you bring your girlfriend next time?
（次は彼女を連れてらっしゃいよ）

ネイティブの英語

・Ken is a friend (of mine).
・Ken is one of my friends.
・Ken and I are friends.

日本語でいう「男友だち」や「女友だち」は、"a friend (of mine)" で十分です。

◆Ken is a friend of mine, but he's not my boyfriend.
（ケンは友だちの一人ですが、恋人ではありません）

「ただの友だち」であることを強調したい場合は、"just" をつけて、次のように言います。

◆A：Is Ken your boyfriend?
　　（ケンはあなたの彼なの？）
　B：No, he's just a friend.
　　（ううん。ただの友だち）

◆Are Laura and Ted dating or just friends?
（ローラとテッドはつき合ってるの？　ただの友だち？）

また、あえて異性であることを強調したい場合は、

◆She has a lot of male friends.
（彼女には男友だちがたくさんいる）

◆He has a lot of female friends.
（彼には女友だちがたくさんいる）

などと言います。

第 4 章　あなたの英語は誤解されている　201

092 20万円もするというので、その自転車を買うのをあきらめた。

9割が知らない"give up on"

日本人の英語

❌ He gave up buying the bike because it cost two hundred thousand yen.

ネイティブは、give up（やめる）を take up（はじめる）の対義表現として捉えています。目的語は、名詞もしくは動名詞（〜*ing*）です。このことを頭に入れて、"give up" の2つの用法を見ていきましょう。

① すでに持っているもの（物・場所・地位・権限など）を「手放す・捨てる」

◆She gave up control of the company.

（彼女は会社の経営権を手放した）

② いままで継続してきた習慣を「やめる」

◆He gave up cycling because of a knee injury.

（膝をケガしたので、彼は自転車に乗るのをやめた）

つまり、"give up" はこれまで継続したことを放棄したり、すでに持っているものを手放すときにしか使えないのです。すなわち、「その自転車を買うこと」は "give up" できる対象ではないのです。

ネイティブの英語

I gave up on the idea of buying the bike because it cost two hundred thousand yen.

ネイティブは、このように "give up on" という表現を用います。

また、the idea of ～ing（～しようする思いつき）とすれば、"the idea" がすでに持っているものとみなされて正しい英文になります。

◆I gave up the idea of buying the bike ...

"on" を入れずに、このように書くこともできますが、ネイティブは give up on（見切りをつける・愛想を尽かす）という表現を好んで用います。

ところが、英和辞典を見ると、扱いがひじょうに小さく、例文を挙げているものがほとんどありません。中学や高校の教材にも出てきません。

◆I had to give up on being a model.
（モデルになる夢をあきらめざるをえなかった）

◆She gave up on her dream of becoming a ballerina.
（彼女はバレリーナになる夢をあきらめた）

目的語にレストランや商店を置くこともあります。

◆I gave up on that restaurant.
（あのレストランへはもう行かないことにした）

第4章 あなたの英語は誤解されている　203

093

そのパーティーで初めて彼女に会いました。

"at first" と "first" の混同

> **日本人の英語**
>
> ❌ I met her at the party at first.

"at first" は、のちに起きた状況を前提とした「最初のうちは」です。口語では、この表現のあとには、たいてい "but" が用意されています。

◆He looked unfriendly at first, but he was a nice guy.

（最初のうち彼はよそよそしく見えたが、じつはいい人だった）

◆At first I thought she was joking, but it turned out that she was serious.

（最初は冗談かと思ったけど、彼女が本気だということがあとでわかった）

書き言葉では、At first 〜. However, ...（最初のうちは〜。しかしながら……）とすることもあります。

◆At first everything was going well. However, the atomosphere changed gradually.

（初めは万事うまくいっていたが、徐々に雰囲気が変わっていった）

204

ネイティブの英語

I first met her at the party.

なかなか使えないのが、first（最初に・初めて）という副詞。

この "first" は、for the first time（初めて）を使って言い換えることができます。"for the first time" は、"first" の強調形です。

◆ = I met her for the first time at the party.
（そのパーティーで初めて彼女に会いました）

そのほか、"first" を使った例文をいくつかお見せしましょう。

◆ That's mine. I saw it first.
（それ、僕の。僕が最初に見つけんだから）

◆ When I first met him, I was a student.
（初めて彼に会ったとき、私は学生でした）

もうひとつ覚えていただきたいのは、first ～ and then ...（まず～、それから……）という順序をあらわすフレーズ。

◆ We went to Chicago first and then to Detroit.
（私たちはまずシカゴへ行き、それからデトロイトへ行きました）

口語でもたいへんよく使われます。

第4章　あなたの英語は誤解されている　205

094 彼がタクシーに乗るのを見た。

「乗る」のいろいろ

日本人の英語

❌ I saw him get on a taxi.

ここでは、さまざまな乗り物に「乗る」という表現を見ていきましょう。

◆I saw her get on the bus.
（彼女がバスに乗るのを見た）

◆He got on the train at Aomori Station.
（彼は青森駅で電車に乗った）

◆Right after we got on the plane, they announced a delay.
（飛行機に乗るとすぐに遅延のアナウンスがあった）

◆As soon as he got on the ship, he went to the casino.
（船に乗るとすぐに、彼はカジノへ行った）

これらの例でもわかるように、中で立っていられるほど大型の乗り物に「乗る」ときは "get on" を用いるのです。反対に「降りる」であれば、"on" を "off" にして、"get off" とします。

◆What station do you get off at?
（どの駅で降りますか？）

ネイティブの英語

I saw him get in a taxi.

　タクシーや車のような小型車に乗るときは "get in" を使います。「身をかがめるようにして乗り込む」といった感覚です。反対に「降りる」であれば、"in" を "out of" にして、"get out of" とします。

◆She got out of the taxi in front of the station.
　（彼女は駅前でタクシーを降りた）

　では、エレベーターに「乗る」は、どう表現したらいいのでしょう。

◆He got on the elevator at the 1st floor.
　（彼は1階でエレベーターに乗った）

　立って「乗る」わけだから、"on" のほうが一般的ですが、エレベーターを立体的な箱だと見なして、その中へ入るというニュアンスで "in" を使うこともあります。

◆I waited for the other people to get in the elevator.
　（ほかの人たちがエレベーターに乗るのを待った）

　ちなみに、混んだエレベーターから降りるときは、次のように言います。

◆Excuse me. I'm getting off.
◆Excuse me. I'm getting out.
　（すみません。降ります）
　どちらを使ってもかまいません。

第4章　あなたの英語は誤解されている　207

095 このバターには塩分が
含まれている。

"include" と "contain" の使い分け

日本人の英語

❌ This butter includes salt.

　「含む」と聞いて、日本人の頭に浮かぶのは何でしょうか。おそらく、"include" と "contain" の２つでしょう。

　しかし、この２つの違いがわかっている人はほとんどいません。日本人は両者とも「含む」とだけ覚えているようです。

　"include" は「全体に対して、あるものを一部として含む」という意味です。

◆His art collection includes a Picasso.

　（彼の美術コレクションの中にはピカソの作品が１点あります）

◆The price includes tax.

　（値段は消費税込みです）

◆I love everything sweet, including ice cream.

　（アイスクリームをはじめ、甘いものは全部好きです）

　これらの例に見られるように、"include" は「それだけを取り出すことのできる一部を目的語とする」と説明することができます。

208

ネイティブの英語

This butter contains salt.

　いっぽう、"contain" は、一般的に「全体の中に溶け込んでいる成分」や「バラバラの状態で含まれている要素」を目的語にします。

　上の文の場合、塩が全体の中に溶け込んで、「それだけをさっと取り出すことのできない」ことがわかりますね。

◆Coffee and tea contain caffeine.
　（コーヒーやお茶はカフェインを含んでいる）

◆These drinks don't contain any alcohol.
　（こちらの飲み物はノンアルコールです）

◆I can't eat anything that contains gluten.
　（グルテンを含むものはいっさい食べられません）

　このように、「構成要素となるものを含有する」というニュアンスのときに "contain" を用いるのです。

include	全体に対して、あるものを部分として「持つ・含む」
contain	全体の枠内に、あるものを要素として「含有する・含む」

　このようにまとめることができます。

第4章　あなたの英語は誤解されている　209

096 いい匂いね。

"smell" の扱い

日本人の英語

❌ It is good smell.

日本人がよくやるミスです。

たしかに、"smell" に名詞用法はあります。

名詞の "smell" を使った場合、たいていは顔をしかめ
ながら、こんなふうに言います。

◆What is that smell?

（何の匂い？）

日本語でも、「何の匂い？」と言ったら、たいてい異
臭を指していますよね。それと同じです。

◆Where is that awful smell coming from?

（このひどい匂い、どこから？）

◆I hate the smell of grapefruit.

（私はグレープフルーツの匂いが大嫌い）

これらの例に見えるように、名詞の "smell" は「悪
臭」の意味で用いることが多いのです。

というわけで、ネイティブは、

× It is good smell.

とは言わないのです。

ネイティブの英語

It smells good.

「いい匂いがする」と言いたいときは、このように"smell" を動詞として用います。

◆ The flowers smell lovely.
（その花、いい匂いね）

名詞を後ろに置く場合は、〈smell like + 名詞〉とします。

◆ This candle smells like lavender.
（このローソク、ラヴェンダーの匂いがするわね）

では、悪臭がするときには使わないかというと、そうではないのです。

◆ This smells awful!
（これ、臭い！）

◆ The hotel room smelled musty.
（ホテルの部屋はかび臭かった）

このように、匂いのいい悪いを問わず、使われるのです。また、後ろに形容詞や名詞を置かず、〈主語 + smell(s).〉の形で用いると、「嫌な匂いがする」という意味になります。

◆ The room smells.
（部屋が臭い）

◆ The dog smells.
（このイヌ、臭い）

第 4 章　あなたの英語は誤解されている　211

097 ランチに行かない？

"Why don't you ～?" の誤解

日本人の英語

? Why don't you go out for lunch with me?

　軽い命令調で提案・勧誘をしたいとき、ネイティブは Why don't you ～?（～したら？）を用います。したがって、上の文は、「私を誘ってランチに出かけたらどう？」ということ。なんだか、ちょっと厚かましい感じがします。

　"Why don't you ～?" は、発話者の好意を示すもので、相手にとってよかれと思うことを提案しているのです。そこを感じとってください。

◆We're going to the beach on Sunday. Why don't you come with us?

　（日曜日に海へ行くんだけど、一緒においでよ）

◆You look tired. Why don't you go and take a nap?

　（疲れているみたいね。ちょっと寝てきたら？）

◆A：Why don't you have some wine?

　　（ワイン、飲むよね？）

　B：Sure.

　　（いただきます）

ネイティブの英語

・Why don't we go out for lunch?
・Let's go out for lunch.

　こうすることで、「ランチに出かけない？」のニュアンスを出すことができます。

　"Why don't we ～?" は、勧誘者も相手も含めて 「いっしょに～しようよ」と提案するときに用います。ほぼ Let's ～（～しようよ）と同じで、ほとんどの場合、言い換えが可能です。

◆Why don't we invite Jessica?
　（ジェシカを招待しようよ）

◆Why don't we go to that open field and have lunch?
　（あのへんの原っぱでランチを食べようよ）

　もうひとつ。日本人が使いこなせないフレーズが "Why don't I ～?" です。(Do you) Want me to ～?（～しようか？）よりもいくぶん丁寧な申し出の表現です。

◆Why don't I pick you up at your place?
　（お宅に車で迎えに行きましょうか？）

◆Why don't I carry one of those bags for you?
　（バッグをひとつ持ちましょうか？）

◆Want me to watch your cat while you're gone?
　（留守中、ネコの面倒をみようか？）

098　1週間ずっと家で過ごした。

"all"と"whole"の勘違い

日本人の英語

❌ I spent the all week at home.

どこが間違っているか、わかりますか。

そうです。語順です。"all" は、〈all (of) ＋限定詞＋
名詞〉の語順になります。

「限定詞」というのは、名詞の前に置かれる the / my
/ this / some / all のような語を指す用語のことです。冠
詞や所有格を「限定詞」というひとつの呼び名でまとめ
るのは、「後続する名詞にあらかじめ情報を与える」と
いう共通のはたらきがあるからです。

◆He's drunk all the milk.
　（彼は牛乳を全部飲んでしまった）
　　× the all milk

◆I thought I would regret it all my life if I didn't
marry her.
　（彼女と結婚しないと一生後悔すると思った）
　　× my all life

◆I spent all the money I had to buy this house.
　（あり金をはたいてこの家を手に入れた）
　　× the all money

ネイティブの英語

I spent all the week at home.

「〜全体」を "all" を使って表現すると、このような語順になります。

みなさんのなかには、"whole" を使って言いあらわした人もいるでしょうが、その場合は次のようになります。

◆I spent the whole week at home.

〈限定詞＋ whole ＋名詞〉の語順になっているのに注目してください。

それぞれの使い方をまとめてみましょう。

> all (of) ＋限定詞＋名詞
> ＝ 限定詞＋ whole ＋名詞

ただし、次のことも覚えておいてください。

① "all" は、a / an の前では用いられない。

◆She's eaten a whole cake.

（彼女はケーキ一個丸ごと食べてしまった）

× all a cake

② "whole" は不可算名詞（数えられない名詞）とともに用いられない。

◆He's drunk all the apple juice.

（彼はりんごジュースを全部飲んでしまった）

× the whole apple juice

099 どうやって健康を 維持しているのですか？

「健康を維持する」と「健康を損ねる」

日本人の英語

❌ How do you keep your health?

　世はまさに「健康ブーム」で、健康に関するじつにさまざまなことが話題になります。そんなとき、日本人の口から飛び出すのが、keep one's health（健康を維持する）という表現。手もとにある受験参考書にも出ています。

　言わんとしていることはわかりますが、じつはこれ、ひじょうに古めかしい表現で、現代英語では目にすることも耳にすることもありません。ところが、日本の学習参考書にはちょくちょく顔を出しています。

　逆の「健康を損ねる」も同様。日本人がよく使うのは、"lose one's health" ですが、これも19世紀の英語という感じがします。

　日本の英語本の問題点は、19世紀のイギリス紳士と現代アメリカに暮らすティーンエイジャーがやりとりしているようなフレーズが混在していることです。「正しいけど、もはや使われてはいない表現」や、「意味は伝わるけれど、ぎこちないフレーズ」をいかになくしていくか。それが、日本の英語教育の今後の課題でしょう。

ネイティブの英語

How do you stay healthy?

「健康を維持する」と聞いて、まず私の頭に浮かぶのは "stay healthy" です。「病気にならないでいる」というニュアンスを含んでいます。

◆I take a walk every morning to stay healthy.
　（健康を保つために、毎朝散歩をしています）

このように、stay（〜のままでいる）を使ってあらわすのです。

"stay healthy" が「病気にならないでいる」という意味の「健康でいる」のなら、「鍛えて健やかな体を維持する」という意味での「健康でいる」は "stay fit" という表現を用います。

◆Cycling is a good way to stay fit.
　（サイクリングは健康維持にはもってこいだ）

では、逆の「健康を損ねる」は、どうあらわしたらいいのでしょうか。

ネイティブは、"ruin one's health" や "harm one's health" などの表現を用います。

◆He ruined his health with bad food and overwork.
　（貧しい食事と過労で、彼は健康を害してしまった）

◆Excessive drinking harms your health.
　（過度の飲酒は健康を損なう）

第4章　あなたの英語は誤解されている　217

100 彼女は母親によく似ている。

"alike"と"like"の用法

日本人の英語

✘ She is very much alike her mother.

alike（互いに似ている）は形容詞。

◆Her two daughters are very much alike.

（彼女の2人の娘はそっくりだ）

◆The two girls are alike in looks but not in personality.

（2人の少女は顔つきは似ているが、性格は似ていない）

しかし、「彼女は姉によく似ている」を、

✘ She is alike her sister.

とすることはできません。

また、「彼女にはよく似た娘が2人いる」を、

✘ She's got two very alike daughters.

とすることもできません。

〔alike の用法〕

① 「互いに似ている」という意味の形容詞であるため、主語は複数名詞になる。

② 叙述形容詞（be 動詞の後ろで用いる）であるため、後ろに目的語を置くことはできない。

ネイティブの英語

She looks very (much) like her mother.

このように、見た目（外観全体）の類似に言及するときは、通例 "look like" を使います。

◆You look just like your mother.
（あなたはお母さんにそっくりね）

◆You look more like your father than your mother.
（君はお母さんよりお父さんに似ている）

有名人に「似ている」と言いたいときも、この表現が使えます。

◆He's handsome. He looks just like George Clooney.
（彼、ハンサムね。ジョージ・クルーニーにそっくりだわ）

同じ見かけでも、横顔や声など（一部）が「似ている」場合は、"be(just)like" を使います。

◆Your profile is just like your mother's.
（横顔がお母さんにそっくりね）

◆Your voice is just like your father's.
（声がお父さんにそっくりね）

また、前置詞の like（〜のように）を使って、次のように言うこともよくあります。

◆You're funny, just like your father.
（あなたは、お父さんに似て、おもしろいわね）

第 4 章　あなたの英語は誤解されている　219

編訳者あとがき
英語を身につけるために必要な2つのこと

　本書の著者であるキャサリン・A・クラフトさんは、ミシガン州生まれのオハイオ州育ち。母語は英語。外国語はこれまで、フランス語、イタリア語、ロシア語、日本語を学んできたそうです。

　キャサリンさんの日本語はたいへん流暢で、そのよどみなさと言ったら、数分もしないうちに、外国人と話しているということを忘れてしまうほどです。そこで、読者のみなさんの参考になるのではと思い、外国語を身につける秘訣を聞いてみることにしました。

　第一に、「音読をこころがける」こと。
　「イラストで泳ぎ方の基本がわかったからといって泳げるようにはならないのと同様、英文のしくみと読み方がわかったからといって英語が身につくわけではありません。やはり声に出さないとだめです」

　音読がすぐれているのは、口を動かすだけでなく目と耳も同時に使うので、英語のコロケーション（連語関係）とイントネーション（抑揚）、リズム（強弱）とフロー（流れ）を同時に身につけることができるばかりか、リスニングも鍛えることができるという点にあります。

　「音読できるスピードは、聞き取ることのできるスピードと同じ」というのは私（里中）の持論ですが、音読

できない速度の英文は聞き取ることができないのであり、音読できない英文はまた内容を理解することもできません。

　もうひとつは、「海外ドラマを観る」こと。

　「生の英語を学びたいなら、状況に応じたさまざまな表現を学べる英語ドラマは絶好の教材です」

　キャサリンさんは、日本にやって来てまもないころ、『サザエさん』をくりかえし観たそうです。

　「あの『サザエさん』というＴＶ番組が、私の日本語習得に果たした効果ははかりしれません」

　いま日本では、ＴＶでアメリカ産のドラマを数多く観ることができます。英語学習者が教材としてこれを利用しない手はありません。

　「とくに、恋愛もの、学園ものなど、日常生活でよく使われるフレーズが多く出てくるようなドラマがお勧め」

　でも、「ただ漫然と観ていてはだめ」なのだそう。

　「洋画を観るだけでリスニング力がつくなら、洋画好きの人は誰もが英語のリスニングを身につけていることになってしまいますが、実際はそうではありません」

　リスニングの勉強に役立てたいという気持ちをもって臨むこと——それが何より大切だと言います。

　「そして、それをコツコツと積みあげること。そうすれば、いつかきっと、目指す英語力を身につけることができるでしょう」

　　　　　　　　　　　　　　里中哲彦

ちくま新書
1230

日本人(にほんじん)の9割(わり)が間違(まちが)える英語表現(えいごひょうげん)100

2017年1月10日　第1刷発行
2017年5月10日　第7刷発行

著者
キャサリン・A・クラフト

編訳者
里中哲彦
（さとなか・てつひこ）

発行者
山野浩一

発行所
株式会社 筑摩書房
東京都台東区蔵前 2-5-3　郵便番号 111-8755
振替 00160-8-4123

装幀者
間村俊一

印刷・製本
三松堂印刷 株式会社

本書をコピー、スキャニング等の方法により無許諾で複製することは、
法令に規定された場合を除いて禁止されています。請負業者等の第三者
によるデジタル化は一切認められていませんので、ご注意ください。
乱丁・落丁本の場合は、下記宛にご送付ください。
送料小社負担でお取り替えいたします。
ご注文・お問い合わせも下記へお願いいたします。
〒331-8507　さいたま市北区櫛引町2-604
筑摩書房サービスセンター　電話048-651-0053
© Kathryn A. Craft 2017　Printed in Japan
ISBN 978-4-480-06937-5 C0282

ちくま新書

183 英単語速習術
――この一〇〇〇単語で英文が読める
晴山陽一

どんな英語の達人でも単語の学習には苦労する。英単語の超攻略法はこれだ！対句・フレーズ・四字熟語記憶術からイモヅル式暗記法まで「新学習テクニック」の集大成。

253 教養としての大学受験国語
石原千秋

日本語なのにお手上げの評論読解問題。その論述の方法を、実例に即し徹底解剖。アテモノを脱却し上級の教養をめざす、受験生と社会人のための思考の遠近法指南。

1105 やりなおし高校国語
――教科書で論理力・読解力を鍛える
出口汪

教科書の名作は、大人こそ読むべきだ！夏目漱石、森鷗外、丸山眞男、小林秀雄などの名文をカリスマ現代文講師が読み解き、社会人必須のスキルを授ける。

756 漢和辞典に訊け！
円満字二郎

敬遠されがちな漢和辞典。でも骨組みを知れば千年以上にわたる日本人の漢字受容の歴史が浮かんでくる。辞典編集者が明かす、ウンチクで終わらせないための活用法。

1062 日本語の近代
――はずされた漢語
今野真二

漢語と和語が深く結びついた日本語のシステムから、日清戦争を境に漢字・漢語がはずされていく。明治期の小学教材を通して日本語への人為的コントロールを追う。

908 東大入試に学ぶロジカルライティング
吉岡友治

腑に落ちる文章は、どれも論理的だ！東大入試を題材に、論理的に書くための「型」と「技」を覚えよう。学生だけでなく、社会人にも使えるワンランク上の文章術。

889 大学生からの文章表現
――無難で退屈な日本語から卒業する
黒田龍之助

読ませる文章を書きたい。だけど、学校では子供じみた作文と決まりきった小論文の書き方しか教えてくれなかった。そんな不満に応えるための新感覚の文章読本！